JN272725

ニーサで始めるはじめての株式投資

大学教授が伝授する低位株での堅実な投資実践法

北野士郎［著］

東京　白桃書房　神田

はじめに

銀行や郵便局の金利は、年利1%をはるかに下回る低利率の状況が続いています。日本の高度成長期には郵便貯金の年利が7%ほどであったことを知っている年配の方々にとっては、今の貯金・預金がばかばかしくなることと思います。

このような時期に、政府は2014年1月から少額投資非課税制度（ニーサ：NISA）を開始しました。すでに15年前にこのような制度を導入した英国では大成功していますが、わが国でもニーサのための口座開設が順調に進んでいます。

ところで最近、新聞の書籍雑誌の広告欄では「株式投資で大儲けしよう」という見出しが目につきます。

いわゆるバブルが崩壊して20年ほどが経ちました。大手銀行はもとより、山一證券や三洋証券などの大手証券会社の倒産が相次いだのは、わずか15年ほど前のことです。

著者には、「株は怖い」という強い思いがあります。バブルの崩壊に伴って、株で巨額の損失を出した数多くの企業と個人の悲惨な状況が鮮明な記憶として残っています。あの当時だけでなく、今日の株式市場においても、個人の少額投資家にとって投資環境の不透明感があります。具体的に指摘すると、次のとおりです。

・**グローバル化で、日本の株価は世界の政治経済の影響を大きく受ける**
・**ビジネスの変化が速くて、しかもダイナミックに変化する**
・**ヘッジファンドの影響力が強く、コンピュータを利用する高速取引も普及している**

このような投資環境のもとで、ニーサを利用するときに留意しなければならないポイントは、次のとおりです。

・**ニーサでは、一度売却するとその非課税枠を再利用できないので、株式・投資信託ともに短期間での売買には適していない**
・**株式の配当利回りは、銀行や郵便局の利率よりもはるかに高いことが多い**
・**ニーサでは、専門家に運用を任せる投資信託を利用できる**

以上から結論的に言えば、ニーサを利用する投資には、**①低位株式への中期投資が適している、②配当利回りの高い株への長期投資が適している、③投資信託での中長期投資が適している、**ということになります。

著者は、株式評論家や証券マンではありません。大学教授として企業経営やビジネスの動向を研究し、そのかたわら40年前から株式投資の経験を積んできました。この間、バブルの頃は「こんな経済はありえない」と思って株式投資から離れていたので、実経験は三十数年です。

著者は200万～300万円という少額投資で、継続的に確実に株式売却益を得ています。証券会社の社員が著者の取引履歴の画面を見て、「ワァー、ほとんど負けがない！」と言います。本書では、証券会社から特に取り寄せた「顧客勘定元帳」(原本証明書付き)に基づいて、著者の実際の取引記録を披歴させていただきます。

本書は、目次からもおわかりのように「大儲けできる！」などという株式投資の指南書ではありません。また、一般の人たちを寄せ付けないようなマニア的で高度なテクニカル分析の専門書でもありません。ニーサが株式投資の初心者――社会経験の浅い人や退職後の人――も利用する制度であることを前提に、広く一般の人を対象にした内容になっています。

本書には、「ものの道理」が書いてあるだけであり、「慎重で堅実な株取引」の方法が紹介されています。しかし、このことがとても大事なのです。

とかく株の売買は、一時的な気分で行いがちです。株式売買に限らず、自分ひとりの思い込みで物事を進めると、まさに独善的な失敗をすることがあります。
ニーサという制度は、それに適した「ソフト」を用いることによって、生きた制度になります。読者の皆様が、「当たり前のことだ」と思うような「合理的な投資行動」に徹して、継続的な利益を上げることを祈念しています。

北野士郎

目次

ニーサで始めるはじめての株式投資

―大学教授が伝授する低位株での堅実な投資実践法―

はじめに

第3章 ニーサに適した 高利回り株への長期投資

第4章 ニーサに適した 投資信託の活用

第5章 これなら損しない！ 持ち株を高く売る方法

第6章 これだけは避けたい！ 株式投資の落とし穴

コラム

本文デザイン／図版◉ムーブ（新田由起子、徳永裕美）
編集協力◉メディアポート

第1章

まず基本を押さえよう ニーサとはどんな制度か？

01 ニーサという新しい制度の骨子

ニーサ（少額投資非課税制度）は、「自助努力による家計の安定的な資産形成を支援するとともに、経済成長に必要な成長資金の供給を拡大する視点」（金融庁のHPより。2013年8月閲覧）から、2014年1月より導入されました。

この制度の骨子は、1人1口座に限り、年に100万円までの投資による所得（譲渡益、配当・分配金など）については5年間非課税とするというものです。5年間は毎年100万円を上限に投資できるので、最大500万円（100万円×5年間）まで投資できます。

ニーサでの投資商品としては、公募株式投資信託（国内、外国籍）、上場株式（国内株、外国株）、上場投資信託（ETF：国内、国外）や不動産投資信託（REIT：国内、国外）です。買えないのは、預貯金・外貨預金、国債・社債、MMF（マネー・マーケット・ファンド）、MRF（マネー・リザーブ・ファンド）です。

非課税期間は投資した年から最長5年間で、口座開設期間は2014年から2023年までの10年間です。

02 ニーサを利用する際の基本ポイント

❶ニーサ口座の運用方法

【金融商品を分散する】

ニーサでは国内外の株式、上場投資信託や不動産投資信託を含む各種の投資信託に投資できます。しかし、これらはすべてリスク商品であり、元本が保証されていません。相場の地合いなどによっては、大きな損失が発生することがあります。

また、ニーサ口座で出た損失は、他の課税される口座（一般口座、特定口座）で出た利益と損益通算ができません。このような意味でも、分散投資が必要になります。

したがって、**①買付株式の銘柄を分散する、②株式と投資信託に分散する、③投資信託の中でもいくつもの資産に分散投資するように設計されているバランス型投資信託に投資する、④売却益を目的とする株式と配当を目的とする株式に分散する、**というさまざまな分散投資が必要です。

【時間を分散する】

相場は時間の経過の中で上下するものなので、買付時点を分散することもリスクの分散につながります。

そこで、**①相場を見ながら株式の購入時期を分散する（特に買付後に株価が下がった場合には、再度同じ銘柄を買付けると平均買付株価を下げることができる）**、**②投資信託を毎月定額購入する（相場が下がった時には多く買付けができ、上がった時には少なく買うことになる）**、という投資方法が考えられます。

【中長期で投資する】

ニーサでは、銘柄の入れ替えも「投資」としてみなされるので、その金額分は非課税枠が消化されます。言い換えると、一度売却するとその非課税枠を再利用できません。したがって、株式・投資信託ともに短期投資には適しません。

❷ニーサの非課税期間後の対処法

２０１４年１月１日からスタートしたので、例えば、最初の２０１４年中に50万円で買付けた株式が、非課税期間の終わる２０１８年末に80万円に値上がりしていた場合には、次の３つの方法があります。

①売却する

売却益30万円（80万円－50万円）は非課税です。

②翌年の非課税枠に繰り越す

取得価額が80万円に修正されます。

③課税される通常の証券口座（課税口座）に移管する

その株式の収得価額が80万円に切り上がり、移管後に例えば１００万円に上昇した場合には、移管後の値上がり分である20万円だけが課税対象となります。なお、この場合の税率は２０１４年１月からは20％となりました（２０１３年12月までは10％）。

反対に、非課税期間が終わるときに30万円に値下がりしていた場合には、次の３つの選択肢があります。

①売却する

損切りして売却する場合には、課税口座の利益と合算できないので、非課税メリットを生かすことができません。

②翌年の非課税枠に繰り越す

取得価額が30万円に修正されます。

③課税口座に移管する

取得価額が30万円に修正されます。その後に、例えば50万円に戻った場合には、50万円で買付けた株価が50万円に戻っただけなのに、20万円（50万円－30万円）値上がりしたことになって課税されるので、損です。

❸ニーサの注意事項をチェック

ここでもう一度、ニーサを利用するときの注意事項を整理しておきましょう。

・ニーサの導入時期は、２０１４年１月１日

・ニーサを利用できるのは、日本に居住して口座を開設する年の１月１日時点で満20歳以上である者

・ニーサを利用する口座は、１人１口座（１金融機関）のみの開設に限られる

したがって、もし複数の口座開設の手続きをしてしまった場合には、解約手続きをしなければなりません。なお、ニーサ口座開設と同時に課税口座（特定口座、一般口座）も開設しておいたほうが便利です。

・一度口座を開設すると４年間は他の金融機関に変更できない

ただし、２０１５年１月から金融機関を毎年変更できるように改訂される見通しです（自民党税制調査会の検討結果）。

・非課税期間は投資した年から最長５年間で口座開設期間は２０１４〜２０２３年の10年間

・銘柄の入れ替えも「投資」とみなされるので、その分、非課税枠が消化される

・非課税となる投資枠の残高を翌年以降に繰り越すことができない

・非課税の対象となるのは、年間１００万円までの「投資」

したがって、値上がりや配当によりニーサ口座の残高が１００万円を超えても、非課税枠には影響しません。

・他の口座で保有している資産をニーサ口座に移すことはできない

・他の口座で保有している資産との損益通算はできない

・５年経過後は課税口座への払い出し、または１００万円を上限に翌年の非課税口座への移管ができる

例えば、２０１４年の投資分は5年経過後の２０１９年の非課税枠へ移管できます。

・ニーサ口座での配当金が非課税になるのは、配当金が証券会社の口座に入金される「株式数比例配分方式」に限られる

銀行口座への入金や郵便局の窓口などで受取る方式では、ニーサを利用しても非課税にならないので、この方式を指定してください。

・ニーサ口座で保有している株式を担保にして信用取引はできない

・申し込みには、「非課税適用確認書の交付申請書兼非課税口座開設届出書」を提出する

用紙は金融機関に備え付けてあります。この他に、住民票の写し（発行から6カ月以内）などが必要になることがあります。詳しくは、金融機関でお尋ねください。

なお、資産運用会社が2013年7月に実施したアンケート調査によると、ニーサでの投資予定商品は、投資信託のみが48％、株式投資と投資信託が23％、株式投資のみが27％でした（野村アセットマネジメントの第2回「NISAに関する意識調査」より）。

第2章

ニーサに適した低位株への中期投資

01 ニーサには低位株への投資が適している

８０００円の株は、８０００円値下がりする可能性があります。しかし、１００円の株は１００円以上絶対に値下がりしません。

株は思いがけない値下がりをするものです。株で大損したという人々は古今東西、大勢います。「株は値下がりするものだ」というくらいの慎重な心構えで、手堅く売買を行うべきです。

目安として、最低売買単位（単元株数）が**１０００株の場合には１００〜３００円程度の低位株を買う**ことをお勧めします。**１００株単位の場合には１０００〜３０００円、１株単位の場合には10万〜30万円程度**の株です。１回の売買金額は10万〜30万円程度です。

実は東証１部銘柄のうち、最低投資金額が10万円以上50万円未満の銘柄が58％を占めています（次ページ図参照）。したがって、最低投資金額が10万〜30万円程度の株から投資銘柄を選ぶのは、決して難しいことではありません。この程度の値段の銘柄の中には「冴えない株」と、今が底値でこれから大きく値上がりする「宝のような株」が混在しています。

東証１部銘柄の最低投資金額

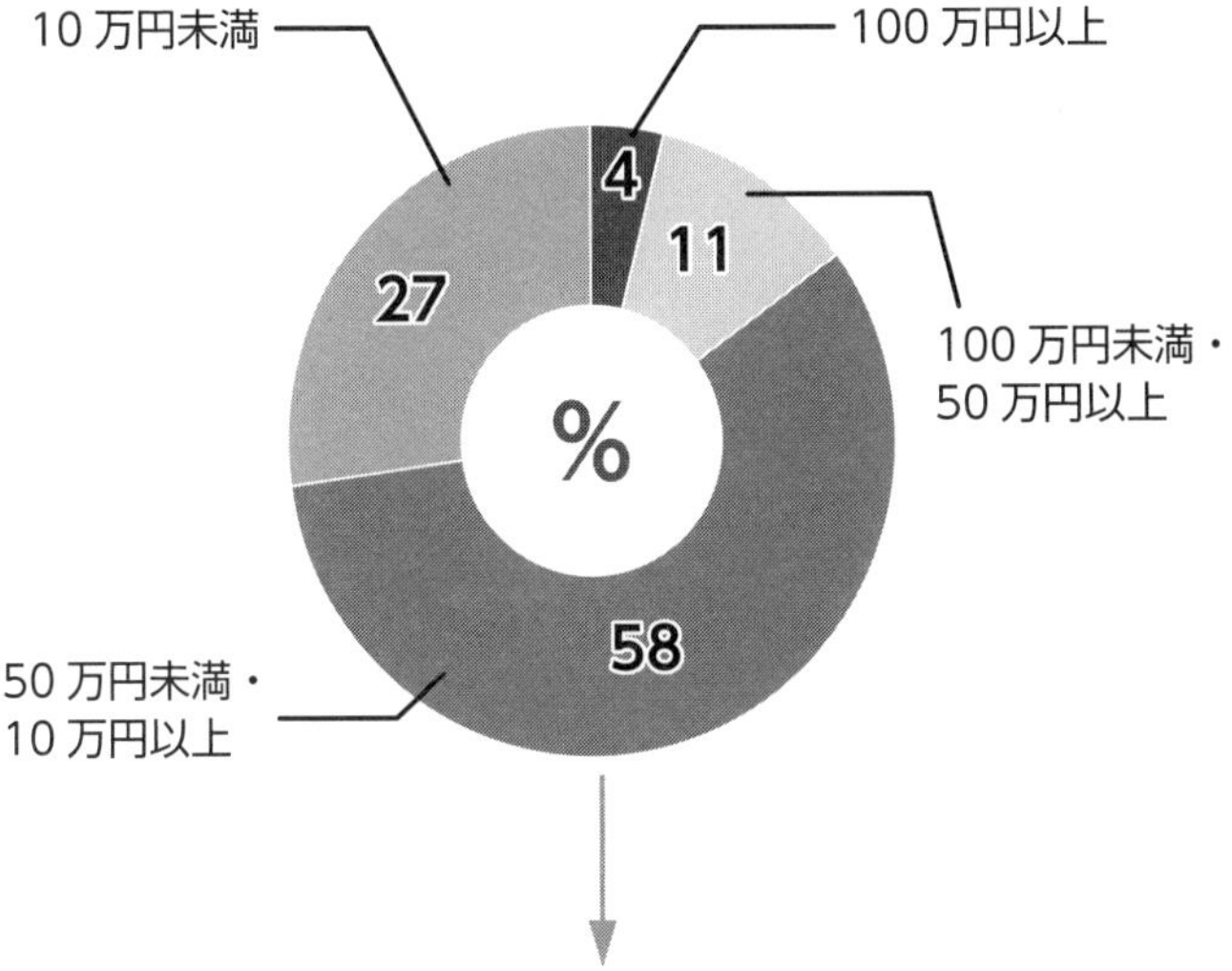

ニーサでは
１回の売買金額を 10 万～30 万円程度にする！

注：2013 年９月２日時点の株価をもとに算出
　　同日に株価がつかなかった銘柄は前週末時点の株価をもとに算出

（出所）『日本経済新聞』2013 年９月３日

ニーサは、年間100万円を限度とする少額投資に対する税の優遇制度（非課税制度）なので、基本的には**値がさ株への投資には不向き**です。しかし、そのような枠の有無にかかわらず、値がさ株が下がるときの下落幅はとても大きくて、深い痛手をこうむることがあります。どんな大企業でも、グローバルな企業間競争や社会の変化に伴うビジネスモデルの陳腐化などで敗れる可能性があります。

さらに怖いのは、これまでに何度も経験してきた金融危機、通貨危機、財政危機といわれるものです。具体的には、日本のバブルの崩壊、アジア通貨危機、リーマン・ショック、EUの財政危機、そして今は中国が「影の銀行（シャドーバンキング）」問題を抱えています（コラム⑫参照）。今日の日本経済、日本企業はグローバルな政治経済の影響を強く受けるのです。

海外の問題だけでなく、日本国内でも国の負債だけで約1000兆円もあるうえに、「アベノミクス」による金融緩和が行われており、これが失敗しないという保証はありません。いったん相場が崩れると、値がさ株の下落はとても大きくなります。

また、今日の日本経済は高度成長期にあるわけではありません。所有する株が上昇を続けることはありえますが、世界で何が起こるかを予見することはできません。これまでに、日本を代表するような値がさ優良株が数多く転落していきました。

大学を定年退職する年齢になった著者は、そういう事態を数多く見てきました。だからこそ、慎重で堅実な株式投資を勧めるのです。10万円、１万円、５０００円の株が１００円以下になることもありえるのです。しかし繰り返しますが、１００円の株は絶対に１００円以上は下がりません。

「株で大儲けしよう」などと考えてはいけない、と著者は思います。「大儲け狙い」と「ホームレス、自殺」は表裏の関係にある、というのは言い過ぎになるかもしれませんが、世の中を舐めてはいけません。株で誰もが大儲けできるなら、働く人はいません。

著者は、信用取引で巨額の損失を出した人たちを数多く知っています。株の世界では、世界のヘッジファンドなどが巨額な資金を動かして、力づくで相場を作ることがあります。そういう力には勝てません。そのような力による株価の変動を「利用させてもらう」という謙虚さが必要です。

一方で、株の売買のいわば「ソフト」を知ると、めったに負けることなく、例えば１５０円で買った株を２００円、２５０円で売却して50〜１００円程度の利幅を取ることを繰り返すことができます。これは、著者の体験です（著者の株売買の「勝敗率」については、巻末の「著者紹介」欄を参照)。

なお、ニーサ制度との関連で付記すると、ニーサ口座で損失が出た場合に他の課税口座との損益通算ができません。この意味でも、ニーサ口座では損を出さない運用を心がけなければなりません。

▼実例:三信建設工業(低位株に投資して成功した例)

三信建設工業(ジャスダック市場)は地盤強化工事の技術を持つ会社です。

東日本大震災では、例えば千葉県の浦安市や幕張のような海岸地域で土地の液状化現象が起きましたが、液状化現象は内陸地域でも生じました。『日経会社情報』で調べたところ、同社は地盤処理の独自工法を多く持っていることがわかりました。当時の株価150円はまさに低位株で、世の中で大いに役立つ技術を持ち、今後の活躍が期待できる株として買付けました。株式保有期間は2年弱で、著者の標準的な保有期間です。

買付　数量1000株　単価150円　約定日　平成23年4月6日
売付　数量1000株　単価230円　約定日　平成25年2月21日

▼実例：みずほフィナンシャルグループ（低位株に投資して成功した例）

合併で誕生したみずほフィナンシャルグループは、傘下に複数の銀行、証券、ノンバンクを有します。しかし、経営統合のメリットを生かすことができず、むしろ複数の銀行の存在、タスキがけ人事、システム障害などのマイナス面が目立って、株価は冴えない状態が続いていました。みずほフィナンシャルグループの株価１１６円は、いかにも底値であると思って買付けました（次ページの株価チャート参照）。

企業も含めて物事には「復元力」が働くものです。期待のとおり、２０１３年７月には傘下の２つの銀行が合併し、近年はようやく海外展開にも積極的になり、この点を高く評価できます。

この株は今後も上昇の可能性がありますが、従来からの納税口座での利益には２０１４年1月から20％に課税強化されるので、いったんは売却しました。

買付　数量１０００株　単価１１６円　約定日　平成24年8月9日
売付　数量１０００株　単価２０８円　約定日　平成25年9月3日

みずほフィナンシャルグループの株価チャート

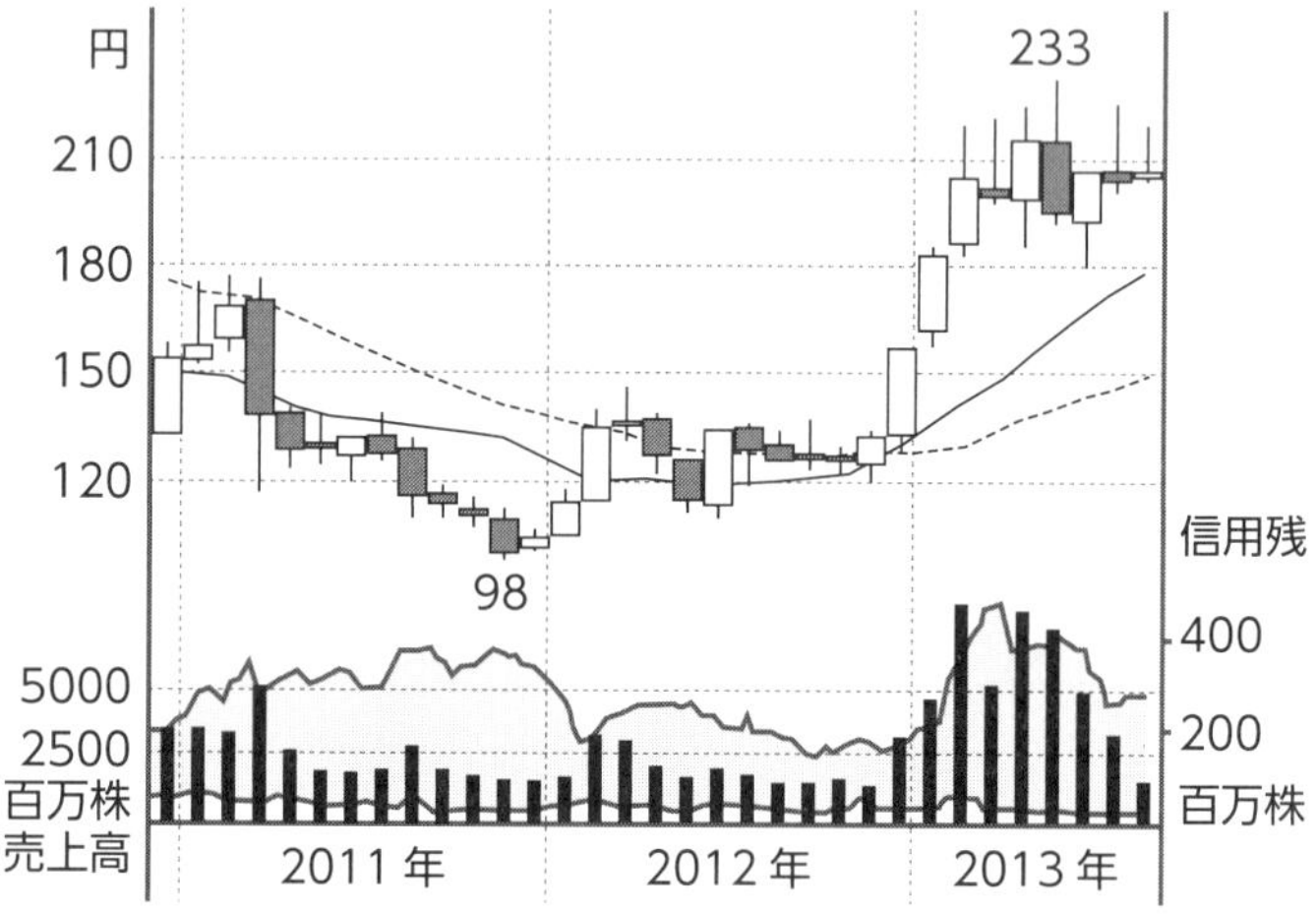

買付：116円（2012年8月9日）

売付：208円（2013年9月3日）

（出所）『日経会社情報（2013年夏号）』日本経済新聞社より作成

コラム①　銀行や郵便局の利率はなぜ低いのか？

銀行や郵便局の利率が低いのは、日本経済の不振が長期化しているからです。企業が製造拡大を検討しても売上増加の見込みが立たないので設備投資意欲が低く、その結果、銀行からの資金の借り手が少ないので金利が低くなっています。近年、金融機関の預金が融資にどれだけ回っているかを示す預貸率（貸出残高÷預金残高）は下降線をたどっており、企業の内部留保金ばかりが積み上がっています。

また、企業の資金手当て方法が長期的に変化しています。企業が銀行から資金を調達する「**間接金融方式**」から、証券市場を利用して自らが株や社債を発行して資金調達する「**直接金融方式**」へと変化しているのです。例えば、今日では「ジャスダック」や「マザーズ」という新興株式市場も設立されており、新興企業でも事業資金を株式の上場や増資によって得ることができます。相対的に、銀行の役割が低下しているわけです。

さらに、不況を克服しようとして、日本銀行が市中銀行への貸出金利を低く設定しています。「日銀の貸出金利低下→銀行の企業への貸出金利低下→企業の設備投資意欲の刺激→景気回復」という循環を目指しているので、金利がとても低いのです。

02 最低売買数量だけ買う

株の最低売買数量（単元株数）は１０００株単位だけでなく、８種類もあり複雑です。そこで、全国証券取引所は「売買単位の集約に向けた行動計画」を発表し、平成26年４月１日までに売買単位を１００株と１０００株に集約することを決定しました。どんな単元株数であろうと、**最低売買数量だけ買う**ことをお勧めします。１５０円の株を１０００株買う、あるいは１５００円の株を１００株買うと、買付金額は15万円です。

最低売買数量だけ買うということには、２つの意味があります。

第１に、特定の株に集中投資しないで、「銘柄」を分散させるためです。この具体的な方法については後述しますが、これは**リスクの分散**を意味します。

第２に、株を買っても、その後に相場全体が下落して、その株も値下がりするかもしれません。それは、いっそうの安値で同じ銘柄を再び買えるチャンスが来たことを意味します。そういう場合には、**同じ銘柄に再び買い（ナンピン）**を入れます。これを２～３回繰り返すことが必要になる場合があります（詳しくは次項を参照）。

限られた資金で銘柄を分散するためには、低位株を最低売買数量だけ買うと説明しましたが、銘柄を分散させる理由は、投資家がその会社の内部事情や市場環境のすべてを知り尽くしているとは限らないからです。自分が買った株にはそれなりの期待できる理由があるでしょうが、投資した株に何が生じるかはわかりません。

著者にも苦い経験があります。10年近く前のことですが、株を所有している会社が突然、関連会社を買収すると発表して社名変更し、その直後から株価は急落しました（実例：アイメタルテクノロジーを参照）。

また、ある日突然に大量の公募増資が発表されると、「会社の利益が薄められる」という理由で株価が下落する場合があります。かつては、空売りを手掛けるヘッジファンドが公募増資の新株を短期売買の対象にしていたので、株価が急落することがありました。

２０１１年に金融庁が「増資の公表後一定期間内の空売り」を規制したので、以前ほどには株価の下落率は低下しましたが、短期的に多少下落することがよくあります。加えて、公募増資する会社は、その増資で調達した資金を使って中長期的に利益成長力を高めることができるか、という問題が新たに生じるわけです。何が起こるかわからないのが、株の世界です。

反対に、ある日突然に公開買付け（TOB：take over bit）の対象になり、値上がりするかもしれません。値上がりする場合はどうでもよいのですが、株の売買では、株価の下落を念頭において買う、というのが著者の苦い体験に基づく考えです。

さらに、後述する「株価暴落」や「相場全体の低迷」という大きなチャンスが到来して、多くの株価がチャートから見て何年来の底値と思われるほどに安くなった場合には、思い切って一度に資金のほとんどを投資して、できるだけ多数の銘柄を買う、という決断が必要になることもあります。

また、低位株をお勧めしていることと矛盾するようですが、ご自分の仕事や趣味などを通して、特定の値がさ株の値上がりに強い見通しをもった場合には、値がさ株を買付けることもあります。株は生き物なので、柔軟な対応が求められます。

▼実例：岡本工作機械製作所（相場の地合いと業績見通しで買付けた例）

岡本工作機械製作所（東証2部）を買付けた当時は、低位株を中心に買うという方針はありませんでした。この後に紹介する「アイメタルテクノロジー（現ＩＪＴＴ）」の実例で説明するように、高値の株が大きく下落して苦労したことに懲りて、その後は低位株を中心に買付けています。岡本工作機械製作所の株を買付けた頃は、相場の地合いと業績見通しがよかったので買付けました。しかし、資金が少ないこともあり（著者は、株の取引は怖いという気持ちが強くて少額資金に限定しています）、後述の「サイバーエージェント」の買付を除いて、最低売買数量だけの取引をしてきました。

買付　数量１０００株　単価５２１円　約定日　平成17年12月６日
売付　数量１０００株　単価５８０円　約定日　平成18年１月18日

コラム②　銀行の危機と可能性

近年、日本の銀行には５つの危機が押し寄せてきました。

第１の危機は、いうまでもなくバブルの崩壊と、それに伴う巨額な損失処理でした。経営破たんした銀行や公的資金を注入した銀行などは記憶に新しいと思います。

第２の危機は、その後、国内経済が長期不況に陥り、有力な借り手が少なくなったことです。これが最も深刻な危機です。

第3の危機は、企業の資金調達方式が「間接金融方式」から「直接金融方式」へと変化して、銀行の役割が低下したことです（コラム①参照）。

第4の危機は、ビジネスのソフト化現象です。鉄鋼産業を典型とする重厚長大産業に加えて、今日の産業の特徴はナノテク、バイオ、ＩＴなどの技術系の新興企業や、アニメ、ゲームなどのアミューズメント系の新興企業、さらには各種サービス業系の新興企業が大きな地位を占めています。これらの企業は専門性が高くて業績の見極めが難しく、銀行にとっては融資するに値するかどうかの判断が困難です。このために、初期のベンチャー企業は国内外の大企業の傘下に入って資金援助を受けることが多いようです。これが銀行にとっての悩ましい問題です。

第5の危機は、規制緩和です。ネットバンキングに象徴されるように、ＡＴＭを利用した金融にはＩＴ業界などからも参入しています。しかし逆に、銀行も証券会社の投資信託商品や生命保険会社の保険商品を取扱うようになりました。

各銀行は、このような危機を感じて合併を繰り返したため、一般利用者は銀行の名前を覚えきれないことさえあります。一方、銀行の株価は合併と株式分割により著しく低下したので、投資家にとっては買付けしやすい株価になりました。合併の前と後で株価水準を単純比較することはできませんが、例えば**三菱ＵＦＪフィナンシャル・グループ**やり**そなホールディングス**の株価は２０１２年には３００円台を割ったことさえあります。**みずほフィナンシャルグループ**の株価は２０１２年１月には１０５円にまで下落しました（実例：みずほフィナンシャルグループを参照）。メガバンクの伝統的なビジネスモデルはすでに陳腐化しているのに、経営戦略の転換があまりに遅い、と著者は感じています。日本銀行から無利息のような金利で資金を借りて、その資金で国債を買って利息を受取る、というのはメガバンクの本来のビジネスモデルではありません。

それでは、メガバンクはどのような方向に経営転換するべきなのでしょうか。銀行は、成長過程の企業に融資して育てることにより利益を上げていくものです。確かに、国内は「失われた20年」という不況が続いてきました。しかし、海外に目を転じれば、資金不足の成長企業は数多くあります。メガバンクの海外展開は、総じてあまりに遅すぎます。近年になって、ようやく海外進出を積極化しています。

大手銀行の可能性は、「海外展開の成否」と「投資育成事業の成否」にかかっていると思います。今は新規の成長企業が続出するような時代ではありません。営業による新規顧客の開拓よりも既存顧客と新興企業への投資育成事業に注力すべき時代です。特に、後者の新興企業への投資育成事業は難問ですが、これを成功させるカギが2つあります。

第1は、将来性を見込めるベンチャー企業への融資がしやすい環境を整えることです。これまでは金融庁の検査が厳しくて、赤字のベンチャー企業への融資が委縮する傾向にあるという声がありました。しかし、ベンチャー企業には、いわゆる「死の谷（創業当初の資金不足）」問題がつきものです。現在の業績は赤字でも技術力のあるベンチャー企業への貸出については、銀行の自己責任による貸出推進が尊重されるような環境整備が必要であり、金融庁の新検査方針（2013〜14年6月）もそのような方向に向かっています。

第2は、外部人材の活用です。その際に参考になるのが総合商社の例です。商社は基本的には「卸商」なので文系の人材が多いのですが、理系の人材も活用して技術系の事業を成功させています。また、アパレルのハニーズなどは製造小売業（SPI）ですが、SPIの中には技術者集団を採用して製造事業に乗り出して成功している例があります。

外部人材としては、工学系技術者の他に新興企業専門の証券アナリストやITの専門家もいます。銀行には、新興企業の投資育成事業を成功させるために、外部人材をどのような形で取込むことができるか、という課題があると思います。

03 株価が下がったらナンピンを入れる

順調に値上がりする株もありますが、意に反して下落することが多いのが株です。値下がりしても落胆しないことが肝要です。**値下がりしたら、自分が選んだ良い株をもっと安く買える**と喜んで、買い増すことが大事です。

ただし、少し値下がりしたからといって、すぐに買い増す（ナンピンを入れる）ことは避けてください。上がったり下がったりするのが株価です。少しくらいの値下がりは、そのうちに戻ります。

しかし、半値から3分の1にまで下がると、なかなか戻りません。そこで、**ナンピンを入れて平均買値を下げる**のです。半値に下がった株価が、さらにその半値近くにまで下がることがあります。その場合には再度ナンピンを入れます（実例：アイメタルテクノロジー、神戸製鋼所を参照）。

著者は、買い増すことを当初から想定しているので、最初は最低売買数量で買うことを勧めます。ナンピンを入れることは怖いことです。なにしろ下落し続けている株を買い増すのですから。倒産したら株券はただの紙切れです。しかし、ここが一番の勘所なのです。多くの人たちはここで失敗するようです。

株価は上がれば下がり、下がれば上がります。平均買値を底値近くまで下げておけば、いずれは上昇して利益を得て売却できるか、悪くても「引き分け」に持ち込むことができます。著者の株式投資に「負け」がとても少ないのは、この手法によるものです。

重要なポイントは、下落している株を買い増すことができる、という自信です。自分が買っている株は「倒産しない」という根拠のある確信が必要です。

嫌なことを繰り返し言うようですが、買った株はとかく下がるものです。企業経営に問題が生じる可能性があるだけでなく、さまざまな外部環境の変化があります。

外部環境の変化とは、まず内外の天災地変、内乱、戦争、革命などがあります。

さらに、今日では経済のグローバル化により、他国の異変が日本の株価に大きな影響をもたらします。国内外の金融危機、通貨危機、財政危機なども、日本の株に大きな影響を与えてきました。

また、株式相場は基本的には実体経済や企業業績を反映しますが、**現実の株価は操作さ**

れることもあります。「信用取引の買い方」はいずれ売り方にまわり、「信用取引の売り方」は買い方になります。

さらに、世界には多数の**ヘッジファンド**があり、その中にはハイリターンを狙って投機的な巨額売買を行うものもあります。このような勢力が何を考えるかを個人が知る由もありません（もっとも、「そろそろ売りを仕掛けてくるな」という程度はわかるようになりますが……）。どんなに考えて買ったとしても、限界があります。自分が思う**「良い株」の株価が上がるとは限らない**のです。つまり、これに対する対策がナンピンなのです。

下落している株を買い増す（ナンピンを入れる）ポイントは２つあります。

第１のポイントは、既述のように**少しくらいの下落ではナンピンを入れない**で様子見することです。繰り返しますが、ナンピンを入れるのは半値以下、または３分の１以下に下落した場合です。さらに大きく下落した場合には再度ナンピンを入れます。こうして持ち株の平均買値を下げて戻りを待ち、さらには利益が出る高値を「辛抱強く待つ」ことが肝要です（コラム⑩参照）。

ナンピンを入れるといっても、もともと低位株への投資が前提なので、その株が半値以下ということは大きな投資額にはならないはずです。例えば、160円の株を1000株買う投資金額は16万円です。半値でナンピンを入れると8万円です。さらに半値に下落してナンピンを入れた時の投資金額はわずか4万円にすぎません（実例：神戸製鋼所を参照）。

次に掲げるのは、著者による失敗例と成功例です。

▼実例：アイメタルテクノロジー（株価が大きく下落して苦労した例）

平成17年に、有名な株価情報誌で業種別の有望株ランキングが発表され、それを鵜呑みにして、「業種別の有望株1位」の「自動車鋳物」（いすゞ自動車の子会社）を612円で買付けました。ところが、関係会社と合併して「アイメタルテクノロジー」（東証2部。平成25年9月末に上場廃止し、持ち株会社IJTTが新規上場）と社名を変更してからは下落続きでした。結局、ナンピンを3回入れて、平均買値を216円に下げました。

有名な株価情報誌でもわけのわからないことを書くもので、たまたま著者の仕事が忙しかったので安易に買付けて失敗した例です。「わけのわからないこと」を信じて買付けた著者が悪いのですが、これに懲りて、他人の推奨銘柄は買わないことにしました。

また、配当取りを目的とする場合以外は、単価が300円以上の株は、買わないことにしました。

買付　数量１０００株　単価６１２円　約定日　平成17年12月６日
買付　数量１０００株　単価１２８円　約定日　平成23年３月17日
売付　数量１０００株　単価１８５円　約定日　平成23年３月25日
買付　数量１０００株　単価１３１円　約定日　平成23年10月５日
買付　数量１０００株　単価１３５円　約定日　平成24年５月18日
売付　数量１０００株　単価２０１円　約定日　平成25年５月13日
（残り２０００株は保有中）

なお、この株価情報誌の有望株ランキングを見て、筆者は同じ日に、日本アビオニクス（東証２部）を５１６円で買付けました。買ってからは下落続きで、安値では１００円割れをしました。この株には２回（１２５円と１０７円で）ナンピンを入れて平均買値を下げて、ようやく全株を売却しましたが、数万円の損が出て「負け」になってしまいました。アイメタルテクノロジーと同じような手法なので、この株の実例は省略します。

▼実例：神戸製鋼所（ナンピンを入れて成功した例）

神戸製鋼所は、鉄鋼・非鉄・機械の各部門に多角化している実力株です。平成21年2月には高値243円をつけましたが、安くなったので166円で買付けました。

ところが、中国、韓国の鉄鋼メーカーの大増産で市況は軟化したうえに円高のために、同社は平成22年、23年と赤字になり、無配に転落しました。

とはいえ、物事には復元力が働くものであり、同社はコスト削減に努めると同時に、2017年をめどに神戸製鉄所の高炉などを休止し、加古川製鉄所に集約することを発表しました。

また、円高修正で鉄鉱石の輸入価格は不利になるものの、自動車メーカーへの価格転嫁がある程度は実現しました。加えて、円高修正が続くと輸出競争力が増します。

神戸製鋼所の株には、下落する度にナンピンを入れましたが、「倒産するのでは？」という疑念はまったくなく、「こんな安値で拾えるのか？」という思いだけでした。

なお、平成25年5月中旬にはアベノミクス期待で相場が急騰したので、売付を急ぎましたが、5月23日に日経平均株価が1143円暴落して、1000株が売れ残りました。その後、９月に入って回復したので、残りを売却しました。

鋼材需要の回復で同社の業績（２０１４年３月期）は急回復が予想されており、いずれ復配が予想されています（『日経会社情報２０１４年新春号』）。株価は遠からずに２００円を超える可能性があり、ニーサで始める株式投資での注目株です。

買付　数量１００００株　単価１６６円　約定日　平成23年6月10日
買付　数量１００００株　単価94円　約定日　平成24年5月24日
買付　数量１００００株　単価81円　約定日　平成24年7月18日
買付　数量１００００株　単価67円　約定日　平成24年8月15日
売付　数量１００００株　単価１２１円　約定日　平成25年3月7日
売付　数量１００００株　単価１４９円　約定日　平成25年5月20日
売付　数量１００００株　単価１６８円　約定日　平成25年5月21日
売付　数量１００００株　単価１６６円　約定日　平成25年9月4日

ナンピンを入れる第2のポイントは、**倒産しない株を見分ける**ことです。

下落している株にナンピンを入れるには、自分自身が「その会社は倒産しない」という確信をもっていなければなりません。

そのためには、次の項目をチェックしてください。

①1株資産が一定金額以上であること

大きな会社の総資産が多くて、小さな会社の総資産が少ないのは当然のことです。しかし、1株資産（総資産÷発行済み株数）を見ると、大きくても「貧乏会社」、小さくても「金持ち会社」であるなどということがわかります。

例えば、1株資産が500円程度以上であれば金持ち会社で、100円程度以下であれば貧乏会社といえます。

しかし、ここでいう金持ち、貧乏という意味は、会社の将来性とは必ずしも関係ありません。

②PBR（株価純資産倍率）が、業績が悪いのに高い数字である場合には要注意

例えば、株価が200円で1株当たり純資産が250円であれば、会社を解散して持ち株数に応じて純資産を分配したほうが得になります。なぜなら、解散（倒産）すると20

０円の株価はゼロになりますが、理論上は解散価値である1株当たり２５０円を受取ることができるからです。

ＰＢＲ＝1は、株価と解散価値が等しいことを意味します。ＰＢＲ＝株価÷1株当たり純資産です。1株当たり純資産＝会社の純資産額÷発行済み株式数です。

一般に、ＰＢＲがあまりに高いとリスクが高くなります（逆に見ると、それだけその株が買われている、ということをも意味します）。

③売上高、経常利益の推移を調べる

売上げの落込みや減益が、一時的なものか継続的なものかを調べることが必要です。

④有利子負債の額を同業他社と比較する

有利子負債が同業他社と比べて特に多いということは、借金が多くて危険性があるということを意味します。ただし、物事には二面性があり、有利子負債が多いということは積極経営していると評価できなくもありません。

なお、総合商社は事業の性質上、有利子負債が多くなる傾向にあります。

⑤信用調査会社による格付けを調べる

国内外の信用調査会社が信用格付けを公表しています（コラム③参照）。有料で登録者で

なければ検索できないこともありますが、例えば、日本格付研究所のホームページで、「各付一覧」をクリックすると、誰でも各企業の格付けを調べることができます。

⑥社会に必須のビジネスか、不要になるビジネスかを判断する

基幹産業についてはわかりやすいのですが、そうでない企業の社会的存在意義の将来性については判断が難しいものです。これまでに、衰退あるいは消滅した製品・サービスは数多くあります。フィルムカメラ、ビデオテープ、テレホンカード、固定電話などのように、技術の進歩に伴う場合が多いようです。いつも好奇心をもって、ビジネス社会の変化に関心を寄せていることが肝要です。

コラム③ 格付け会社は信用できるのか?

格付け会社は企業や公共団体が発行する債券について、その業界分析や財務分析などを行うことによって発行体の信用度を格付けすることを業とします。

例えば、会社が社債を発行する際には、格付け会社に報酬を支払って依頼し、格付けを取得します。その格付けによって社債発行の可否や社債の利率が決まります。

また、格付け会社は依頼を受けていなくても格付けを行うことがあります（「勝手格付け」と呼びます）。近年は、債券だけでなく、発行体である企業自体や大学なども格付けの対象にしています。

株式会社である銀行が、もし「投資不適格」という格付けをされれば、株価が下落するだけでなく、大勢の預金者が不安を感じていっせいに預金をおろすので、その銀行は経営破たんすることもありえます。事実、北海道拓殖銀行が経営破たんした時の格付けは「投資不適格」で、毎日大量の預金が引出されました。

このように、「格付け」は社会に重大な影響を及ぼすことがあります。世界的に有名な格付け会社は、ムーディーズ、スタンダード＆プアーズ（S&P）、フィッチの３社です。日本では、この事業は登録制（法律上の登録先は内閣総理大臣）になっていて、これら世界的大手の日本法人に加えて、日本格付研究所（JCR）と格付投資情報センター（R&I）が信用格付け業者となっています。

格付け会社に対する疑問が強く持ち上がったのは、２００７年の秋以降に表面化したアメリカでの金融危機の際に、それまで高い格付けを付与していたサブプライム関連商品の格付けを、格付会社がいっせいに大きく引下げたことによります。格付け会社にとっては、格付けを依頼する大手金融機関は大事な顧客であり、それまで「甘い」格付けをしていたのではないか、という疑念がわいたのです。実際に、サブプライム関連商品の危険性を見抜くことができなかったのかもしれません。

この点に関しては、２０１３年２月にアメリカ司法省は、住宅ローン担保債権などに不当に高い格付けをしていたことが世界金融危機につながったとして、Ｓ＆Ｐを相手取って民事提訴しています。

格付け会社による日本国債の格付けについても、中国、韓国、台湾より低い格付けはおかしいという意見があります。「安全資産」とみなされて日本国債が海外から買われている現状に対する評価と、膨大な財政赤字と政府債務の増加という将来問題に対する評価という両面を、いかに勘案するかという問題があります。

数年前に、海外の格付け会社がトヨタ自動車に対する格付けを引下げたことがあって話題になりました。終身雇用制度を採用しているということが引下げの理由の１つに挙げられたからです。

終身雇用制度を採用しているがゆえに、格付けを上げるべきか、下げるべきか――。『ジャパン・アズ・ナンバーワン』（エズラ・Ｆ・ヴォーゲル著）という本がベストセラーになった時期もありました。格付けも、時代状況を反映しているのでしょうか。

格付け会社による格付けは一定の公共性をもっていますが、一方では格付け会社の「意見」に過ぎないという側面もあります。

格付け問題には、格付け会社にもそれを利用する側にも責任があります。

この解決の方向性としては、まず格付けが「ブラックボックス」にならないことです。格付け会社は格付けの根拠を開示して、一定の透明性を確保することが必要です。

また、格付けの利用者も、格付け会社の意見であることを認識したうえで利用することが大切ではないでしょうか。

04 相場上昇期における株の選び方

アベノミクスと東京五輪の相乗効果で相場の一段の上昇が期待できる今、「良い株」を見つける次のような有力な方法があります。

それは、**今期の業績と来期の業績予想の「変化率」で買う**という方法です。良い株とは、今の業績がよい株ではなく、来期の業績がよくなる株のことです。今の業績はすでに現在の株価に織り込まれています。業績が上向いている株は、これから株価が上昇するのです。できれば、**前期より今期の業績が上向きで、さらに来期は大幅に業績が向上する銘柄**がベストです。今期の業績が大きく落ち込んで来期は上昇する株も悪くはありませんが、今期の利益が来期にずれ込んだだけという可能性があります。

企業業績を調べるためには、『日経会社情報』または『会社四季報』が必須です。これらの最新版には、各社の近年の業績（売上高、経常利益、純利益など）が載っているだけでなく、結構多くの会社について**来期の業績予想も掲載されている**のです。東京証券取引所などの全国の証券取引所は、2012年4月から「会社業績予想の自由化」の方針を打ち出したため、業績予想を開示しない会社がありますが、多くの会社は売上高、経常利益、純利益のすべてまたは一部の業績予想を開示しています（証券や商品先物取引などの業界は、相場によって業績が左右されるので、業績予想を開示することが難しいという面もあります）。

また、いち早く来期の業績予想の情報を得たければ、各社の決算発表翌日の『日本経済新聞』などに掲載される決算報告を調べることです。決算発表は多くの会社が同時に行うことが多いのですが、それが『日本経済新聞』などに掲載されます（「本決算」という欄が活字は小さいが見やすい。実例：岡本工作機械、住江織物を参照）。

これを丹念に調べると、**１年後に業績の急上昇が予想される銘柄を知る**ことができます。そうして選んで買った銘柄の株価上昇を１年間待ちます。１年後に好決算を発表して株価が上がれば売却するわけです。相場全体が上昇傾向にあるときに、買付けた銘柄の業績が急上昇すると、株価は大きく上昇します。その時に売却するわけです。

ただし、来期の業績予想はあくまでも「予想」であり、「絶対」ではありません。会社は、業績予想を「上方修正」または「下方修正」することがあります。そうであるからこそ、いくつかの銘柄を最低売買数量だけ買って、銘柄を分散しておく必要があるわけです。

また、企業経営者には下方修正を嫌う傾向があるため、来期の業績をやや堅く予想する場合があるようです。少し慣れてくれば、「早めに業績を上方修正する会社は、それだけ業績向上に自信があるのではないか」などということも考えることがあります。

なお、株を所有していると会社から「決算報告書」が郵送されてきますが、なかには来期の「業績予想」あるいは来期の「目標」として、具体的な数字を掲げているところがあります。

付記しておきますが、アナリストによる将来の増益率予想などの情報はあまり当てにならない、と著者は思っています。個別には優秀なアナリストが数多くいるはずですが、著者は証券業界の人間ではないので知りません。一般論としていえば、業績予測には考慮するべき変数があまりに多すぎると思います。

企業業績の将来予測に関しては、多少当てにするとすれば、会社自身による来期の業績予想までと思いますが、読者の皆様はいかがお考えになるでしょうか。

来期の業績予想に基づいて株を買う場合の留意点は2つあります。

第1は、予想はあくまでも予想であり、急上昇が実現できないことを織り込んで、いくつかの銘柄に分散させておくことです。

第2は、1年前であっても、業績上昇見込みを織り込んで、株価がすでに高くなっていることがあります。したがって、「株価チャート」や「ＰＥＲ（株価収益率）」が15倍程度以下であること」、さらに「1株資産」「年初来高値」などを確認してください。

実例：岡本工作機械製作所（業績の変化率での買付け例－その1－）

東証2部です。２０１３年5月に『日本経済新聞』の「本決算」欄を調べていたら、この会社の来期の業績予想が急上昇することを見つけました。『日経会社情報（２０１４新春号）』に記載されている業績は次のとおりです。但し、上期の業績進捗率が低くて、予想業績は下振れの可能性があります。２０１３年の年初来高値は１５５円で、１株資産は１８７円です。

【岡本工作機械製作所の決算報告】

決算期	売上高（億円）	経常利益（百万円）	純利益（百万円）	1株利益（円）	1株配当（円）
12・3連	242	271	84	1・9	0
13・3連	200	235	109	2・5	0

14・3連予	206	500	400	8・5	3・0

岡本工作機械　買付　数量１０００株　単価１１３円　約定日　平成25年６月７日
岡本工作機械　数量１０００株（保有中）

実例：住江織物（業績の変化率で買付けた例）

繊維産業は成長産業ではないという意識があったため、住江織物という社名を聞いたことがないばかりか、読み方（すみのえおりもの）も知りませんでした。同社は、自動車や鉄道車両向けの内装材、オフィスや店舗に敷くカーペットなどのメーカーです。

『日本経済新聞』の「本決算」欄で、同社が次のような決算の数字を発表しているのを見つけました。会社の来期業績予想で、このような好業績を発表している会社を見つけるのは、新聞の決算報告欄の細かな数字を追って探すので根気がいります。なお、株価のチャートを見ると今年の高値は３０５円をつけています。また、１株資産は３８２円です。

読者の皆様が本書を手にする頃には、この株価はどうなっていることでしょうか。株式はリスク商品です。地合いが悪くなっていたり、会社が業績予想を下方修正したりして株価が大きく下落した場合には、著者はナンピンを入れます。１年後に予定どおり好決算が発表され、あるいは事前に察知されて株価が３５０円程度になっていれば、売却します。いずれにせよ、このような株を３銘柄ほど保有していると、１社の業績が下方修正されても一定の利益を継続的に得ることができます。

【住江織物の決算報告】

決算期	売上高（億円）	経常利益（百万円）	利益（百万円）	1株利益（円）	1株配当（円）
12・5	７５３	１２６５	６２６	８・３円	５・０
13・5	８１８	２４２６	８２０	10・9	５・０
14・5予	８５０	２９００	１８００	23・4	記６・０

（『日本経済新聞』２０１３年７月13日）

買付　数量１０００株　単価２５１円　約定日　平成25年7月19日
　　　数量１０００株（保有中）

05 株価暴落は絶好の「買いのチャンス」

相場全体の暴落時や不況で相場全体が低迷している時は、株を買付けるビッグ・チャンスです。

そこで、まず暴落時の買い方について説明しましょう。

冷静に考えれば、あるいは普通に考えれば、株で利益を上げる方法は、**安く買って高く売る**ということに尽きます。ところが、人間の心理としては、株価全体が上昇して「株を買うと儲かりそうだ」という雰囲気の時に買いたくなります。しかし、そんな時にはすでに相場全体の下落が間近に迫っていて、高値づかみの危険性があります。

反対に、新聞の夕刊に「株価暴落」などという見出しが躍ると、「株は危険だから近づかないでおこう」という気分になります。しかし、本当は暴落したのだから、その時が株を安く買うことのできるチャンスなのです。

ほとんどの銘柄の株価は地合いが悪くなると下がります。反対に地合いがよくなると、遅かれ早かれ、多くの銘柄で株価が上がります。「株価暴落という絶好の買い時を辛抱強く待つ」のは、株式投資の有力な戦術です。

もっとも、これを実践するのは、案外に難しいことかもしれません。それは、普通の人間心理に反することだからです。また、「高値で売るチャンスを辛抱強く待つ」ことも、同じように難しいことなのかもしれません。

株価暴落は、しばしば金融危機、通貨危機、財政危機といわれるものによって引き起こされます。既述のように、日本のバブル崩壊、アジア通貨危機、リーマン・ショック、ギリシャに代表されるＥＵの財政危機などです。

一連の通貨・財政危機で大きな痛手をこうむった投資家が多かったようです。証券マンＯＢから、「上り千日、下り三日」という格言を教えられたことがあります。

株価暴落は天災地変でも生じます。３・11の東日本大震災が記憶に新しい災害です。

株式投資で肝要なことは、**できるだけ底値で買う**ことです。低い値で買っておくと売却が容易です。これは当たり前のことです。

相場全体が高いときには、安易に株を買わないようにしましょう。しかし、この「ものの道理」をなかなか守られないのが、株式投資の現実世界のようです。

本来の投資とは、企業の中長期的な成長性に着目して行うものです。医療、バイオ、ナノテク、ゲームやアニメ、インターネット関連などの企業の中には、創業当時のヤフーなどのような高い潜在的成長力をもっている企業が存在するはずです。そのような銘柄を長期間保有して、巨額の利益を得ることができる可能性があります。

しかし、ベンチャー企業といえば聞こえはよいのですが、数年後に消滅してしまう零細企業のほうが圧倒的に多いのも事実です。一方、少額投資の個人株主の多くは専門的な知識に乏しく、そこの見分けがなかなかつきません。

また、日本経済が高度成長期には、相場が長期間上昇傾向にあったため、相場全体が高い時に株を買っても、さらに上昇しました。しかし、今日の株式市場はかつての高度成長期とは異なり、不透明です（本書の「はじめに」をもう一度お読みください）。

そこで、著者は次の2点を肝に銘じています。

①相場全体の上昇初期……アベノミクスと東京五輪の相乗効果が期待できる今のような時期には、業績向上の変化率の高い銘柄を探し、その株価上昇を期待する

②相場の暴落時……暴落を「絶好の買い場」と心の中で待ち構える

つまり、相場全体は上昇してもよし、下降してもよし、という心構えでいるのです。そ

うすれば、狼狽売りがなくなります。1年後の株価上昇を待ったり、株価の大きな下落を待ったりするので、頻繁な売買を行うことはできませんが、買付けた株については、めったに「負け」がなくなりました。

実例：黒田精工（短期間で売買した例）

黒田精工（東証2部）は空気圧機器・ゲージのメーカーです。3・11の震災で株価が暴落したので買付けました（最安値は116円）。2週間後には普段の株価水準に戻ったので売却しました。これは暴落の反動で短期間に元の株価に戻った例ですが、短期間での売買の繰り返しは大きな利幅を取れないので、デイトレーダーの場合は別として、避けるべきだと思います。既述のように、そもそもニーサには短期売買は適していません。

買付　数量1000株　単価133円　約定日　平成23年3月17日
売付　数量1000株　単価170円　約定日　平成23年3月31日

コラム④ バブルの歴史は繰り返す

ニーサを利用する株取引は、非課税で少額取引なので危険性が少なくて、とてもよい制度であると思います。しかし、一般的にいえば、株は怖いものです。相場の上昇時期には多くの株価が上がります。儲けると、味をしめて投資金額が多くなることがあります。信用取引というリスクの高い取引方法もあります。

わずか25年ほど前には、日本の不動産価格がドンドン上昇しました。株価もゴルフ場の会員権もドンドン上昇しました。「それ行けドンドン」です。銀行は、貸店舗に入居している会社の経営者に自社ビルの購入を積極的に勧誘しました。

バブルが崩壊してみれば、不動産価格は10分の1以下に急落です。銀行から巨額な融資を受けていた人たちには巨額な借金が残りました。都市銀行をはじめとして多くの会社が倒産しました。人生を狂わせた人たちも大勢いました。

このようなバブルの発生とその崩壊は、歴史の中で何度も繰り返されてきました。バブル商品の対象も、チューリップの球根、株、土地などさまざまです。

「ヨーロッパ３大バブル」といわれるものがあります。まず、１６３０年代に起こったオランダでの「**チューリップ・バブル**」です。当時のオランダでチューリップの球根に格別な人気が集まり、投機家が出現するようになった結果、球根１個と家が交換されるまでになったとのことです。チューリップの球根は、しょせん球根ですから、熱狂が冷めると価格は暴落しました。

イギリスの「**南海泡沫事件**」も有名です。１７１０年代、イギリス政府は財政危機を克服するために「南海会社（South Sea Company）」という会社を設立して、この会社に南米及び南太平洋の貿易独占権を与えました。同社の株式が発行されると、独占権から巨額な利益が出るのではないかという期待が人々の間に広がり、一気に株価が高騰しました。この時には、各種の情報が飛び交ったとのことです。自社の株価のあまりの高値に不安を感じた経営陣が株を手放したことを契機に、株価は一気に暴落してしまい、その後のイギリス経済に大きな打撃を与えたといわれています。

１７１０年代のフランスでも事件がありました。当時、財政難に苦しんでいたフランスでは、王立銀行（後の王室銀行）と西方会社（後のミシシッピ会社）が設立されました。フランス王室からアメリカにあるフランス領ルイジアナ地区の独占事業権を与えられ、その後さらに各種の独占貿易権を与えられたために、フランスはもとよりヨーロッパの投資家の注目を集めました。フランス王室銀行と西方会社の株価は上昇を続けましたが、やがて利益確定売りが出て株価は暴落しました。

同様のことは、1920年代にアメリカのフロリダでも起きています。「手付証書」によって少額でも土地を買うことができたために、転売目的の土地ブームが起きました。

このような経験を繰り返した挙げ句に、わが国でもバブルが発生し、崩壊したわけです。私の身近な経済学者の中にも、当時の状況について「日本のファンダメンタルズが変わったためであり、バブルではない」という論文を書いた方もいました。渦中に入ると、われわれを見失うわけです。

株や土地だけではありません。私たちの身の回りには、競馬、競輪、競艇、パチンコ、各種のゲームなど何でもあります。自分自身の近づき方で、「娯楽」にもなり「地獄」にもなります。一生は1回限り、悔いのない人生を歩みたいものです。

06 相場全体が低迷していたら「買い時」

前節の「株価暴落」は「急に来るけれど、いつ来るかわからない」絶好の買いのチャンスですが、**相場全体の低迷期は長期にわたる買い時**です。

株は、気が向いたときに気軽に買うものではありません。既述のとおり、今のような相場全体の上昇初期や、これから述べるように、相場全体が低迷して株式投資への人気が離散している時が買い時です。相場全体が低迷している時は、「株など買うものでない」というムードに包まれますが、そんな時期こそ買い時なのです。

人生は結構長いものです。読者の皆様が今、仮に35歳だとすれば45歳頃までには、大きなチャンスが少なくとも2度や3度は訪れるでしょう。株価は上がれば下がり、下がれば上がります。

日本の平均株価が上がり続けることはありません。なにしろ、日本の政府と地方自治体の借金総額は１０００兆円をはるかに超えて、２０１３年6月末には「国の借金」（国債、借入金、政府短期証券の合計）だけで１０００兆円を突破しています（平成25年8月9日発表。財務省HPより）。また、日本人の高齢化現象で医療費や社会福祉費用も上昇します。世界の先進国の消費税の常識は20％前後です。財政の健全化のために、経済の調整政策（ブレーキを踏む政策）は何度も必要になることでしょう。

しかし一方で、相場全体が下落を続けることもありません。自動車産業を筆頭に、日本の技術にはまだまだ優位性があります。東南アジアでは、日本ブランドに根強い人気があります。「シェール革命」や金型を使わないで立体物を作る「３Ｄプリンター」などの技術革新が今後も内外で生まれることでしょう。さらに、インドやアフリカなどの経済成長が世界経済をけん引することもあるでしょう。

今現在に限れば、アベノミクスと東京五輪の相乗効果で相場全体の上昇が期待できます。この時期には、業績急上昇期待の株を探して、相場全体の上昇気流に乗って買付けた銘柄の株価が高騰することを期待して待ちます（38ページ参照）。

ただ、中長期的には相場全体の下落を待ちましょう。待っていると株式市場が逃げていってなくなる、などということはありません。チャンスを気にしないようでいて、いつも少しだけ心の片隅で気にしていましょう。つまり、株を安値で拾うことを心がけるのです。

相場全体の上昇を期待して、一方では相場全体の下落を待つという、矛盾したようなこ

日経平均株価の推移（2000年1月～2013年11月）

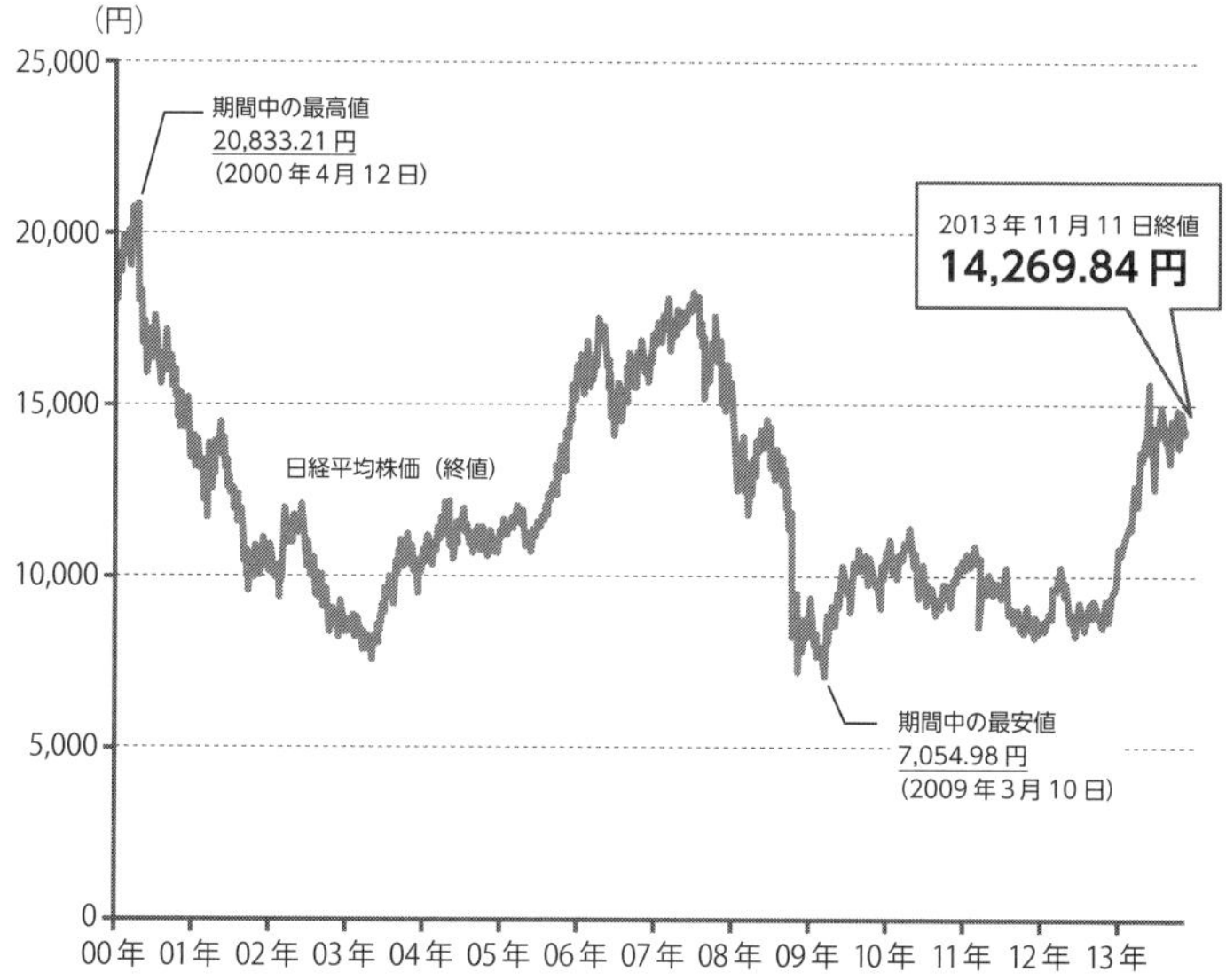

（出所）大和証券がQUICKなどより作成

とを言いますが、両方に立脚することにより、狼狽売りがなくなります。

２０１２年の秋までは、日経平均株価は８５００円程度でしたが、２０１３年12月30日には１万６２９１円で取引を終えました。

『日経会社情報』や『会社四季報』で、各社の近年の株価の推移を改めて確認すると、安値と高値の間には、驚くほど大きな差があることに気づくはずです。

ほんの一例として、いすゞ自動車を見ると、２００９年2月には88円の安値でしたが、２０１３年５月には９１８円の高値をつけました。わずか4年ほどで10倍以上の値上がりです。これは特殊なケースではありません。

本書で低位株を推奨するのは、リスクの低減だけが狙いではありません。低位株の中にはこのような宝が埋まっているので、それを見つけ出す楽しみがあるのです。宝を発掘する能力を磨くためには、本書をお読みいただき（本書の意図がわかるように、大切なことはあえて繰り返し書いています）、経験を積むことが大切ではないでしょうか。

▼実例：戸田建設（相場の上昇初期の買付で成功した例）

個別銘柄の業績がその株価に反映されることは当然ですが、相場全体の上昇力に乗ることも重要です。

買付　数量１０００株　単価５４４円　約定日　平成17年9月28日
売付　数量１０００株　単価６６７円　約定日　平成17年11月29日

▼実例：三菱レイヨン（相場全体の低迷時の買付で成功した例）

日経平均株価は、平成20年の秋から平成24年の秋まで、４年間もの長い低迷期にありました。名門・三菱レイヨンの株価も地合いに押されて低迷し、加えて同社株は平成22年に上場を廃止して、三菱ケミカルホールディングスに経営統合されるという発表がされました。上場廃止予定の発表は投資家心理に動揺を与え、三菱レイヨンの株価は上下に変動しました。同社株は平成22年に上場が廃止されました。

買付　数量１０００株　単価１７６円　平成21年３月17日
売付　数量１０００株　単価３２０円　平成21年８月24日

コラム⑤　「株価は上がれば下がり、下がれば上がる」の意味

日本の株価が安くなる要因と高くなる要因について述べましたが、もっと根本的には、「株価は上がれば下がり、下がれば上がる」ことの背後には、２つの「真理」が存在す

ることを指摘しておきます。

最初に、どの銘柄でもよいのですが、いくつかの銘柄について年初来高値と年初来安値の差を比べてみてください。あるいは2〜3年前の株価と現在値を比べてみてください。改めて、その差がかなり大きいことに気づくことと思います。この背後にある2つの真理とは、次のとおりです。

①復元力

物事には「復元力」が働きます。震災で家屋が倒壊すると、人々は復旧作業を行います。病気になると治療して治そうと努力します。機器が故障すると修理しようとします。

株式市場でもこの力が働きます。会社は赤字になると、さまざまな方法で黒字転換しようと努力します。製造コストの削減、赤字部門の縮小・廃止、賞与の削減やリストラなどによる人件費の削減、新製品の開発などを行って、業績の復元努力をします。この結果、株価は回復します。

②需給調整

需要と供給のアンバランスにより市況変動が生じて、それに伴って株価が変動します。これは、計画経済でない資本主義経済の宿命です。

アメリカ経済史をひも解くと、アメリカは19世紀後半に急速な経済発展を遂げ、世界一の工業国になりました。しかし、よく見ると１８７３年、84年、93年と、ほぼ10年周期の恐慌に見舞われながらの発展でした。計画経済でない以上は、どうしても市場における需要と供給のアンバランスが生じるのです。

今日の産業界においても、同じことを繰り返しています。例えば、近年の中国の経済発展には目覚ましいものがあり、中国は鉄鉱石や石炭などの資源を大量に輸入して鉄を増産しようとしました。その結果、まず資源価格が高騰してオーストラリアやブラジル経済が潤いました。しかし、中国各地に製鉄所が建設され、世界の鉄鋼業界は供給過剰に陥っています。新日本製鉄と住友金属が合併して**新日鉄住金**が誕生した背景には、このような事情があります。名門の**神戸製鋼所**も株価が低迷しています（実例参照）。両社ともに２０１３年３月期決算は赤字でした。

こうしたことは鉄鋼業界だけのことではありません。鉄鉱石や石炭を中国に輸送するために、さらに中国の工場で製造される製品を輸送するために、多くの船舶が建造されました。その結果、船腹の供給過剰が生じて、**日本郵船**、**大阪商船三井船舶**、**川崎汽船**の２０１２年３月期決算は赤字でした。しかし、この３社の２０１３年４～６月期連結決算は最終損益が黒字化しました。また、新日鉄住金と神戸製鋼所も同様に黒字化しました。

一般に、業界の供給力が過剰になると生産調整や設備の前倒し廃棄などを行います。したがって、市況関連銘柄を景気循環の流れに乗って売買すると、繰返し利幅を取ることができる可能性があります。市況関連銘柄だけでなく、企業全般にこのことが当てはまることが多いのです。

「株価は上がれば下がり、下がれば上がる」の背後には、**①物事には復元力が働く**、**②市場には需要と供給のアンバランスと調整という波動がある**、という2つの真理があるのです。

神戸製鋼所の株価チャート

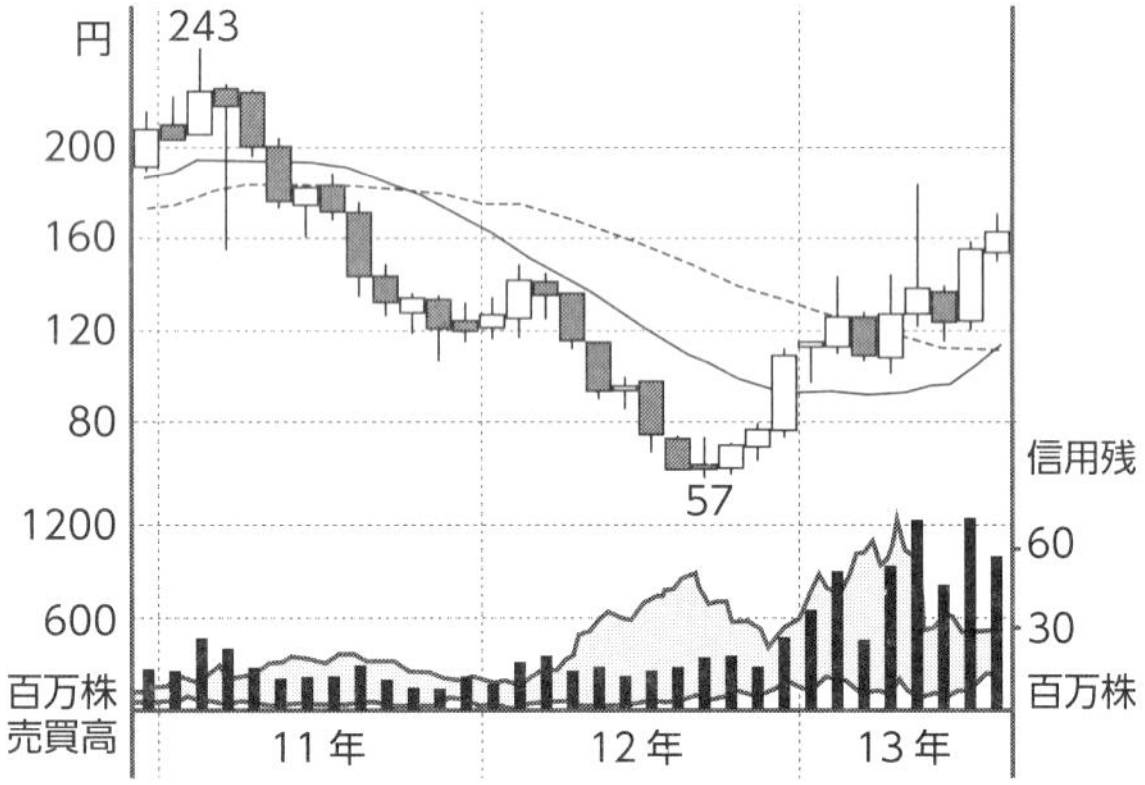

（出所）『日経会社情報（2013年秋号）』日本経済新聞社

07 「底値」はここで見極める

本書の「はじめに」で、ニーサで始める株式投資の基本方針として、「低位株の中期保有」を挙げています。具体的には、6カ月から3年程度の保有です。

一見、もっともなことのように聞こえますが、この売買方法はオーソドックスな株式投資ではありません。株式投資の本来のあり方は、成長性が有望な企業に長期的な視点で投資してリターンを得るものです。有名なウォーレン・バフェット氏の長期保有がこれです。もちろん、時代状況に応じてさまざまな手法があります。本書で紹介しているのは、今の状況に対応した1つの手法にすぎません。

さて、「底値で買ったと思ったら、さらに下がってしまった。いったい、どこが底値か？」という疑問が生じることがあります。これには、「**相場全体の底値**」と「**個別銘柄の底値**」という2つの底値で考える必要があります。

買付の時期は、まず「相場上昇期」（38ページ参照）があります。また、「株価暴落時」（44ページ参照）、あるいは「相場全体の低迷時」（51ページ参照）も有望です。いずれの場合も、個別の銘柄が底値にあるときが絶好の買い場です。

個別銘柄の底値は、①**株価チャートで見る**、②**業績で見る**、という2つの方法があります。前者は、『日経会社情報』や『会社四季報』などを利用して、近年の株価の推移（チャート）を確認して判断します。

株価チャートを読み解くために、テクニカル分析を行う投資家がいます。例えば、「ローソク足に下ヒゲが出ると戻る（株価が上がる）」という習性があるといわれます。株価の方向性を知る1つのツールとして重宝されますが、ローソク足に出るサインどおりに株価が動かないことがとても多いので、著者個人は利用していません。

テクニカル分析に限らず、本書にもいくつかの指標、例えばPER、PBR、ROEなどについての説明があります。これらは確かに指標ではありますが、あまりにこだわっていると、いわゆる「木を見て森を見ず」になりかねません（詳しくは第7章参照）。

次に、業績で見る場合には、赤字から黒字に転換する直前、または少額の黒字から大幅な黒字に転換するという業績の変化で底値を知ります。なお、この業績で底値を判断する方法については、本章2節で説明しました。

要するに、第1に**相場全体の上昇初期に底値の個別銘柄を探す**、第2に**相場全体が底値**

の時に個別銘柄を底値で拾う、という理屈です。

しかし現実には、個別銘柄が底値で、かつ相場全体も底値という理想的な場面がいつもあるわけではありません。

そこで著者は、個別銘柄の株価が「底値に近いな」と思っても、すぐには飛びつかず、日経平均株価が大きく下がる時まで待って買い注文を出します。

平均株価がどの程度まで下がるのを待つのかという問題については、第5章をご覧ください。

▼実例：伊藤忠商事（相場の底値で、底値の株を拾った例）

伊藤忠商事の株を買った平成17年春には、日経平均株価が1万1０００円台でした。この頃を底に相場全体がほぼ一本調子で上昇して、翌年の春には1万7０００円台をつけました。伊藤忠商事の買付価格５４８円も、底値に近い状態でした。

この株は、相場全体の上昇に乗り、商いを伴って上昇していたので、すぐには売らないでじっくりと上昇を確認しながら売却時期を探りました。

買付　数量１０００株　単価５４８円　約定日　平成17年４月１日
売付　数量１０００株　単価９５３円　約定日　平成17年12月５日

▼実例：日立製作所（底値で拾った例）

日立製作所の株価は、平成22年1月から平成23年12月までの期間で見れば、安値２７６円、高値５２３円なので、底値で拾った事例です。

同社の魅力は、高い技術力に加えて、世界のさまざまな変化に対応できる、バランス感覚のある総合力にあります。日立の株価の３００円割れは株価チャートから見ても、実力から見ても「買い」と判断しました。

買付　数量１０００株　単価２９０円　約定日　平成22年１月５日
売付　数量１０００株　単価４９０円　約定日　平成23年２月28日

コラム⑥ 総合商社の株価をどう評価するか？

総合商社の基本的な機能は卸商ですが、事業としては大規模な資源開発事業が大きな部分を占めています。また、小売事業にも力を入れています。三菱商事のローソン、伊藤忠商事のファミリーマートなどが有名です。

商社は原料調達から加工、物流、販売までのチェーン構築を目指しています。日本の人口は減少傾向にありますが、世界の人口は増加して消費は拡大します。商社は国内で培った小売業界のノウハウを海外展開に生かしていこうとしています。このように、商社は長期的な視点に立ってビジネスを計画・展開しています。

各商社は大きな利益を上げて、高配当を実現しています。ところが、ＰＥＲ、ＰＢＲ、配当利回りからすると、株価は低すぎるように見えます。この理由は、商社の収益の多くが資源開発部門から生み出されているため、商社は資源関連会社と見られていることです。資源価格は市況変動が大きいために、いずれ利益が落ち込むだろうと、高値を追うことができないのです。

しかし、近年の総合商社は非資源部門（電力、インフラ、食糧、自動車関連など）への投資に注力しており、成果が出始めています。
下表に掲げた指標に各社の将来性を照らし合わせて、皆様は商社の株価をいかが評価されるでしょうか。

総合商社の株価関連指数（2014年1月1日現在）

	PER（倍）	PBR（倍）	配当（%）	株価（円）
三菱商事	8.3	0.8	2.97	2017
三井物産	7.2	0.8	3.48	1465
住友商事	6.9	0.8	3.56	1321
伊藤忠商事	7.1	1.2	3.27	1299
丸　紅	6.3	1.1	3.31	756
双　日	9.4	0.6	2.14	187

（出所）『日本経済新聞』（2013年12月31日）から作成

08 銘柄を分散する

これまでに説明したことを要約すると、次のようになります。

①相場の上昇期には業績の変化率の高い低位株を1年前に仕込んでおいて、高値での売却機会を待つ

②相場全体が落ち込んでいる時に低位株を底値で拾う、あるいはナンピンを入れる

特殊な手法ではないと思うのですが、この程度のことでも、どれほどの個人投資家が実践しているでしょうか。

「慎重で堅実な株取引」で心がけたいことは、「安く買う」ことの他に「銘柄を分散する」、すなわち個別銘柄に内在するリスクを分散することです。

具体的には、まず相場の地合いを見て、日経平均株価が急落したところで2～3の銘柄を買付けて、年間１００万円の枠内で銘柄を増やし、以後はそれを売買して資金を回転させるということができれば理想です。買付けた株の株価が下がったままで塩漬けにならないように、最初は実際の売買とバーチャル（架空）売買を併用して、株式投資の体験を重ねるという慎重な方法もあります。

ニーサで始める「分散投資」については、さまざまな選択肢があります。その詳細については順を追って説明しますが、概略をまとめると次のようになります。

①複数銘柄の低位株に中期投資する（本章のテーマです）

②配当を目的として配当利回りの高い株に長期投資する（第3章で詳説します）

③投資信託での中長期投資（第4章で詳説します）

これらを組み合わせることで、リスクを軽減することができます。その組み合わせ割合は、年齢、投資経歴、余裕資金量などによって異なりますが、特定の値がさ株への集中投資や信用取引を行うよりは、一般的には低リスク・高リターンです。

また、退職金などについては、ニーサを利用できない社債や個人年金保険などでの運用も検討する必要があります（第8章参照）。

いずれにしても、本書を踏み台にして自分の投資スタイルができあがってくると、低位株への分散投資によって、確実に利幅を繰り返し取ることができる「低リスク・高リターン」を実現できます。これから、その銘柄選びについて解説しましょう。

❶新興市場株と実力株

近年のビジネスには、ハードからソフトへの転換傾向が見られます。ＩＴ、ナノテク、バイオなどの技術・医学系、アニメやゲームなどのアミューズメント系、各種サービス業系など、さまざまな新興企業が誕生し、成長しています。これらの企業は主にジャスダックやマザーズという新興市場に上場されていて、なかには極めて成長性の高い企業が含まれているはずです。

しかしこれらの企業の技術は専門性が高く、またゲームなどは次の作品やサービスがヒットするかどうか、見通しが立たないことが多くあります。必然的に、値動きが荒くなりがちです。著者は技術に疎いので、ネット広告のサイバーエージェントの売買以外は経験がありません。読者の皆様の中に特定の技術分野に詳しい方がおられれば、新興市場株に長期投資して、大きなリターンを得る可能性があることと思います。

新興市場株はハイリスク・ハイリターンの傾向が強いのですが、対照的に実力株はローリスク・ローリターンの傾向があります。したがって、両者に銘柄を分散することも１つの方法です。

実力株とは、東証１部上場企業で、日本経済の基幹産業を構成し、さらに高い技術力と高い市場占有率をもっている企業の株です。需要と供給の変化にさらされる素材産業の中にも、実力株があります。

例えば、東レ、宇部興産、太平洋セメント、新日本製鉄住金、神戸製鋼所、三菱商事などの総合商社、日本郵船、大阪商船三井船舶などです。

新興株のように、「大化けする」ことはあまりありませんが、市況の変化などで株価の上下が結構あります。需給が緩んだ時に買っておいて辛抱強く待てば、需給がタイトになると株価の上昇が期待できます。

実例：宇部興産（市況関連株の例）

宇部興産はナイロン原料、合成ゴムなどの化成品・樹脂やセメントなど市況関連株の名門企業です。

買付　数量1000株　単価308円　約定日　平成17年11月30日
売付　数量1000株　単価344円　約定日　平成18年2月24日

実例：日立造船（実力株の例）

日立造船の創業は明治14年です。長い歴史を有する技術力の高い名門企業です。しかし、造船不況で近年の株価は低迷を続けていて、造船から撤退しました。近年は、都市ゴミ焼却発電プラントの建設工事に注力して実績を積み上げています。

また、シェールガスを液体に転換するプラント関連機器を受注しています。さらには、低価格の津波観測ブイの製造・輸出などを計画しています。

この株については短期間での大きな上昇は期待していませんが、株価が低すぎるので、長期的には安定的に成長することを期待して買付けました。

なお、同社は２０１３年９月に５株を１株に株式併合したので、売買については修正単位で記載します。

買付　数量２００株　単価６４５円　約定日　平成23年７月４日
売付　数量２００株　単価７７５円　約定日　平成23年12月24日

実例：太平洋セメント（売付が早すぎた例）

震災の復興でセメント需要が増加することは、誰でも容易に予想がつきます。株の世界の習いで、需要を先取りして短期間で上昇するだろうと見込んでいましたが、なかなか株価が上昇しないため、保有1年半で売却しました。なぜ足取りが重いのか、当時はわからなかったのですが、原因の1つに有利子負債がかなり多いことが挙げられます。

ところがその後、国内・海外事業ともに好調になって、株価はしだいに値を上げ、２０２０年のオリンピック開催地が東京に決まった直後には、年初来高値４００円をつけました。「財務内容をよく確認しなかった」「辛抱が足りず、売却が早すぎた」という反省はありますが、東京五輪開催決定までは読み切れなかったという弁解もあります。

買付　数量１０００株　単価１４２円　約定日　平成23年3月31日
売付　数量１０００株　単価１８５円　約定日　平成24年11月21日

❷内需株と外需株

内需株は国内需要が中心であり、為替の影響が少ない株です。建設、不動産、金融、通信、小売、電力・ガスなどです。これに対して、外需株は海外市場での売上が中心の株で、自動車、機械が典型です。

別の視点で見ると、内需株は円高が好影響を与えます。原材料や製品の海外からの調達コストが低くなるからです。反対に、外需株は円安が好影響をもたらします。円での受取金額が増え、輸出促進に結びつくからです。

したがって、内需株と外需株に銘柄を分けて買っておいて、円安時には株価が上昇する傾向にある外需株の売却機会を待ちます。反対に、円高時には株価が上昇する傾向にある内需株の売却機会を待ちます。

ただし、業界によっては、あるいは個別企業によって、この区別がはっきりしない場合が多くなりつつあります。例えば、外食やコンビニは、本来は内需企業ですが、海外出店が盛んで外需株の様相も呈しています。

また、通信業界のソフトバンクは、本来は内需株ですが、米国の大手通信会社を買収して海外事業に乗り出しています。建設、金融などの業界でも海外進出が盛んです。

コラム⑦ グローバル化で変わるモノとカネの流れ

近年は企業活動のグローバル化が進んでいるので、国際取引の実態を把握していないと、その部分がブラックボックスになってしまいます。

【モノの流れの変化】

製品や部品が日本から海外へ、あるいは海外から日本へという従来の流れに加えて、海外拠点から第三国へという流れが急増しています。これには、要因別に大きく3つのパターンがあります。

①**物流コスト**……遠い海外諸国へ日本から輸出するよりも、海外拠点から近隣の第三国へ輸出したほうが物流コストを節減できる

②**為替相場**……日本が円高の場合には海外拠点から輸出するというように、為替相場の強弱を利用してモノを動かす

③**関税**……海外拠点の存在する国に第三国が特恵関税を認めている場合には、日本から第三国へ輸出しないで、その海外拠点から第三国へ輸出すると特恵関税（多くの場合に無関税）の適用を受けることができる。また、日本と第三国が経済協定（ＦＴＡな

ど）を締結していないが、海外拠点の存在する国と第三国が経済協定を締結している場合には、その海外拠点から第三国へ輸出することにより関税を節約できる

【カネの流れの変化】

世界の法人税はさまざまです。日本のように実行法人税率（国と地方の法人税を合わせた実質的な税率）が35％以上という世界でトップクラスの国もあれば、税率ゼロのタックスヘイブンもあります。中国、韓国のように20％台の国が多いのですが、シンガポール、台湾、香港のように10％台の国・地域もあります。

グローバル化に伴う「カネの流れの変化」を理解するために、税金問題を中心に３つのキーワードを紹介しましょう。

①**タックスヘイブン対策税制**……企業が、実行法人税率が20％以下の国に実体のない製造工場を設立して、そこを利用して課税逃れをしようとすると、タックスヘイブン（租税回避地）対策税制の適用がある

②**移転価格税制**……意図的に、高税率国に所在する海外法人の利益を低くして、低税率国で大きな利益を出そうとすると、移転価格税制の適用がある

③**ロイヤリティー**……本社と海外子会社は、税法上は別法人。したがって、本社は海外

子会社に無償では販促物などを提供できない（「寄付金」として認定されることがある）。反対に、海外子会社が本社の製造技術やブランドなどの無形資産を使用する場合には、本社にロイヤリティーを支払わなければならない

グローバル企業の中には、こうした税金問題を巧みにクリアしてカネを移動させて納税額を少なくするケースがあり、批判が高まっています。

こうしたグローバル化の進展で、日本企業の海外からの投資収益が大きくなり始めています。国際収支でいえば、海外投資収益を示す「所得収支」の黒字が大きくなっています。各企業が海外子会社から受取る配当金額も大きくなっています。

これには、次のような事情があります。

①海外子会社が成長している
②2009年の税制改革で外国子会社から受ける配当などを益金不算入とする、いわゆる「配当金免税制度」が導入されて、海外からの配当金の95%が非課税扱いとなった
③円高修正により円での受取り額が多くなった

09 株価が上下を繰り返す銘柄に注目する

自分が過去に売買したことのある株については、その後の値動きに多少は関心が向くものです。そのような株を注視していると、同じような値幅で同じような上下を繰り返している銘柄があることに気づきます。そういう株については、一定の安値に近づいたら買い、一定の上値に近づいたら売って、利益を得ることを繰り返すという方法があります。

株価チャートで、一定期間の株価の推移を見れば、多少のジグザグをしながらも、「上昇傾向にある株」「下降傾向にある株」「一定の範囲で上下を繰り返す株」があります。

株価が一定の範囲で上下を繰り返す株は、よく調べると、結構多くあります。その一例として、サイバーエージェント（マザーズ市場。２０１４年に東証１部へ変更予定。単元株式数１株）の株価の動きを掲げます（次ページ表参照）。これを見れば、「安値19万円前後で買い、24万円前後で売る」ということを繰り返すことにより、毎回5万円程度の利幅を取れることがわかります。とはいっても、いつまでこれを繰り返すかが定かではありません。この繰り返しが終わるとすれば、この株価は一段の上昇を目指す展開となりそうです。

サイバーエージェントの株価の推移

2012年	11月	：安値17万円〜高値31万円
	12月	：安値14万円〜高値26万円
2013年	1月	：安値18万円〜高値21万円
	2月	：安値16万円〜高値21万円
	3月	：安値16万円〜高値19万円
	4月	：安値16万円〜高値21万円
	5月	：安値19万円〜高値25万円
	6月	：安値17万円〜高値20万円
	7月	：安値19万円〜高値24万円
	8月	：安値21万円〜高値25万円

（1万円未満は四捨五入）

実は、この株価がなぜ同じような上下を繰り返すのか、著者にはわかりません。新聞などでも、相場が下落した時には原因がわからないことが多く、決まり文句として「利益確定の売り」を使います。

ただし、株主に送られてくるリポートなどによって、**①同社の事業は時代に合わせて進化している、②業績は着実に上昇している、③同社の経営者はまだ若くて、事業に熱心で極めて優秀である**、ということは知っています。

著者としては、こうした最低限の情報さえ把握しておけば、この銘柄の株価を形成するさまざまな要因は捨象してもよいのではないかという思いがあります。その意味では、デイトレーダーと少し似ているのかもしれません。ニーサで始める少額の個人投資家にとって、株式情報の本や経済新聞などの最低限の情報は必要ですが、それ以上の情報収集に時間と労力をかける必要はないという思いがあります（第7章1節参照）。

▼実例：サイバーエージェント（同じ変動を繰り返す例）

買付　数量3株　単価27万4000円　約定日　平成18年1月30日
買付　数量1株　単価10万6000円　約定日　平成19年3月9日
売付　数量1株　単価26万4900円　約定日　平成23年3月1日
売付　数量1株　単価27万9600円　約定日　平成23年3月24日
売付　数量1株　単価28万9000円　約定日　平成23年3月25日
売付　数量1株　単価28万6100円　約定日　平成23年6月6日
買付　数量1株　単価17万9800円　約定日　平成24年5月23日
売付　数量1株　単価22万5000円　約定日　平成24年7月18日
買付　数量1株　単価15万3000円　約定日　平成24年7月30日
売付　数量1株　単価22万0000円　約定日　平成25年7月26日

10 テーマで銘柄を選ぶ

この買い方は少し難しいかもしれません。株取引に多少の経験を積んでから行う方法でしょう。

株にはその時々に「テーマ」があります。例えば、円安傾向というテーマでは自動車、機械などの輸出関連企業が関連銘柄です。中国が高度成長した時には、資源を大量に輸入したので、総合商社や大手建設機械メーカーなどが関連銘柄でした。近年では米国のシェール革命で、シェールガス装置メーカーやシェールガスを原料とする合成繊維、合成樹脂などのメーカーが関連銘柄になっています。

テーマで関連銘柄を買う場合に留意しなければならないのは、必ずしもテーマが業績の向上に直結しなくても、「はやす」ことで株価が急上昇することがある一方、相場の焦点が他に移って、株価が急速に下降する場合があるということです。

いかにも「株の世界」らしいケースが「東京五輪関連」です。2020年夏季オリンピックの開催地が9月上旬に東京に決定しましたが、オリンピック関連施設の建設や外国人観光客の増加を見込んで、建設、不動産、観光関連の株価は8月から上昇していました。東京に決まらなかったらどうなるのやら、と思うのですが……。

繰り返しになりますが、「テーマで買う」のはレベルの高い投資方法です。しかし、国内はもとより世界の動向につねに目を向けていれば、クローズアップされる経済現象が目に入ってきます。

最近の国内テーマを例にとれば、安倍内閣の成長戦略の第1弾として、「健康医療分野では「医療機器を海外に売り込む官民共同の新組織を設立する」ことが発表されました。また第2弾として、「企業の活性化」のために「民間リース会社が企業に設備を貸しやすくする保険制度を創設する」ことが発表されました。そうすると、「医療機器の輸出」や「リース事業」が株式市場でのテーマになります。

さらに、２０１３年7月の参議院選挙で自由民主党が勝利しましたが、政策関連テーマとして「ＴＰＰ参加交渉前進（農業）」「女性の社会参画（子育て）」などが浮上しました。テーマで買うことの難しさは、テーマに沿う企業の売上や利益に、現実にどの程度そのテーマが貢献するのか、その見極めにあります。加えて、株式市場は移り気なので、すぐに次のテーマに移行して取り残されることがあることにも注意しなければなりません。

▼実例：岩谷産業（テーマがはやされて上昇した例）

岩谷産業は、ＬＰガスや酸素・窒素などの産業ガスの大手です。シェール革命はいずれ日本に好影響をもたらし、同社にビジネスチャンスが到来すると考えられます。

米国エネルギー省が日本へのシェールガスの輸出解禁を発表したのは、平成25年5月17日でしたが、それに先立つ3月27日にテーマがはやされて同社株がストップ高になっていることに気づき、急いで売却しました。

買付　数量１０００株　単価３０３円　約定日　平成23年４月４日
売付　数量１０００株　単価４４６円　約定日　平成25年３月27日

コラム⑧ シェール革命の影響

頁岩層（Gas-rich Shale）という堅固な岩盤の中にガスやオイルが閉じ込められていることは昔から知られていましたが、米国のベンチャー企業がこの岩盤の中からガスや石油を取り出す技術を開発しました。

シェールガス・オイルの埋蔵量の多い国は、米国、中国、インド、オーストラリア、ヨーロッパなど世界に広く分布していますが、現実の採掘可能性はさまざまで、例えば中国の場合には砂漠の地下に多いため開発に多くの時間がかかる、といわれています。

今のところ米国での開発がもっとも進んでいて、米国でのガス価格は急速に低下しています。世界のシェールガス・オイルは埋蔵量がとても多いので、将来は石油・ガスの資源国である中近東やロシアの経済にマイナスの影響を与えそうです。

一方、わが国は燃料資源の輸入依存度がとても高く、例えば日本のＬＮＧ（Liquefied Natural Gas：液化天然ガス）の輸入量は、世界の輸入シェアの４割弱を占めていて、世界一です。わが国へのプラスの影響が将来は出るようです。

また、安価なシェールガスからエタノールやオレフィンを製造して、それらを原料にして合成繊維や合成樹脂を作り、さらに塗料、包装材などにも活用でき、その影響はエネルギー価格のみならず、広範囲に及ぶといわれています。

シェールガス関連のプラント技術では日本メーカーが最先端にあり、**日揮**、**千代田化工建設**、**ＩＨＩ**、**東洋エンジニアリング**、**日立造船**、**神戸製鋼所**、**横川電機**が関連メーカーです。また、シェールガスを原料とする化学製品などの製造では、**三菱化学**などが関連メーカーです。国内の液化石油ガスと産業ガスの代表的な販売会社として**岩谷産業**があります。

なお、従来からの中東やアジアからの液化天然ガス（LNG）の輸入では商社が大きな役割を果たしてきましたが、アメリカからのシェールガスの輸入では電力会社やガス会社が直接的に輸入し、その取引条件も転売を禁止する「仕向地条項」がないなど、新しいビジネスモデルが生まれています。この点も、「シェール革命」には含まれるとのことです。

第3章

ニーサに適した
高利回り株への長期投資

01 「配当金」や「株主優待券」で安定収入を得る

本書の「はじめ」で述べたように、今の株式市場は個人株主にとって不透明感がありま す。そこで、第2章で説明したような手法で、堅実に継続的に利幅を取る方法をお勧めするわけです。

それでも、「株式の売買は面倒だ」「老後は心静かに過ごしたい」と思う人には、一定時期ごとに年金のように「配当金」や「株主優待券」を受取るという、ごく簡単な投資方法があります。

ニーサを利用すれば、何らかの事情で現金が必要になり、株を売却しなければならなくなっても、その利益に対しては非課税です。

ニーサは年間に100万円を限度とする少額投資による所得に対する非課税制度ですが、5年間投資ができるので総額500万円まで投資できます。したがって、「低位株への中期投資」と「高利回り株への長期投資」の両方、またはどちらかへの投資が可能となります。さらには、次章で説明する「投資信託の利用」もあります。

ここで留意しなければならないのは、最低売買数量（単元株数）が1000株で単価が1000円以上の株は、最低購入額が100万円を超えるので、ニーサを利用する買付ができないことです。最低購入額が100万円を超える銘柄は、全上場企業の中で100社ほどあるとのことです。

しかし最近は、このような企業も、ニーサでの投資を可能にして個人資金の流入を促進するために、次のような施策を立てる会社が増加しています。

①最低売買数量を、例えば1000株から100株というように引下げる

②株式分割によって最低購入金額を下げる

最近の例では、ピジョン、京セラ、沢井製薬などが1株を2株に、カルビーが1株を4株に分割するなど、多くの会社が株の購入に必要な最低金額を引き下げています。

なお、第1章の2節で説明したように、ニーサ口座での配当金は郵便局の窓口などで受取る方法では非課税になりません。証券会社の口座に入金される「株式数比例配分方式」のみ非課税になるので、この方式を指定してください。

02 業績の悪化で「1株配当」が下がらない銘柄を選ぶ

銀行や郵便局の普通預金や普通貯金の金利は年0・02~0・03%なので、それに比べると株式はかなりの高利回り商品です。無配の株もありますが、多くの株の配当利回りは1~4%です。ただし、預貯金とは異なり、**①投資元本（買付時の購入額）は保証されない、②配当利回りは変動する**、という点に注意しなければなりません。

また、配当を目的とした株式投資の場合には長期保有を前提とするので、株価の多少の変動は気にしないようにしましょう。大切なことは、1株配当が下がらない銘柄選びです。

とはいえ、企業業績に変動はつきものです。業績が大きく悪化すると、1株配当は下げざるを得なくなりますが、会社によっては業績の変動にもかかわらず、1株配当を安定的に維持しようとする会社もあります。

株主に配布する決算報告書に「安定配当を維持することを心がけます」と宣言する会社がありますが、1株配当の実績については『日経会社情報』や『会社四季報』で1株配当の推移を調べてください。

いずれにしても、市況関連株には、需給が緩むと業績が大きく落ち込む傾向があります。したがって、市況関連銘柄を除く「実力株」の中から選ぶべきでしょう。具体的には、東証1部上場で世界的な技術力などを誇る企業の中から、購入時点で配当利回りの高い銘柄です。高配当株を選ぶには、『日本経済新聞』の「クローズアップ日経平均株価」という覧（日・月曜日を除く）が便利です。

03 事件・事故で「1株配当」が下がらない銘柄を選ぶ

東日本大震災の記憶がまだ鮮明です。原子力の安全神話など、人間の浅知恵を思い知らされます。慎重で堅実な株式投資を勧めるのは、この世では何が起こるかわからないと思うからです。原子力発電のない沖縄電力を除く電力会社の株価は大きく下落しました。

２０１3年3月期決算では、北海道電力、東北電力、東京電力、関西電力、四国電力、九州電力の配当が無配になりました。日本の投資家、とりわけ退職者には、退職金の中から相当な金額を電力会社の株に投資していた人たちが多くいたようです。

天災だけでなく、人為的な事件・事故もあります。過去には、グリコ森永事件、雪印集団中毒事件、中国製餃子毒入り事件などがあり、最近ではカネボウ化粧品（花王の100%子会社）の美白化粧品事件などがありました。

どんな事件・事故に巻き込まれて、株価が急落するかは予見できませんが、退職金などを投資して長期保有する株としては、事件・事故の発生の可能性の低い株を選択するという視点も必要です。例えば、食品・飲料関係の銘柄を避ける、というような考えです。

04 株価が上昇する可能性のある銘柄を選ぶ

業績悪化や事件・事故で1株配当が下がらないという視点に加えて、あわよくば株価が大きく上昇する可能性があり、加えて配当利回りの高い株を選ぶというのは、欲張りでしょうか。それを実現するには、**ＰＥＲ（株価収益率）とＰＢＲ（1株資産）がともに低くて配当利回りの高い銘柄**が望ましく、例えば、ＰＥＲは12倍以下、ＰＢＲは1・2倍以下というような基準で選びます。具体的には、総合商社の中には、ＰＥＲが10倍以下、ＰＢＲが1倍以下で配当利回りが3%以上という銘柄がいくつかあります。

なお、長期投資で重視される指標としては、ＲＯＥ（自己資本利益率：Return On

Equity）があります。これは、純利益÷純資産（総資産－負債）で計算します。純資産（自己資本）を使ってどれだけ利益を上げているかの指標であり、いわば投資金額に対する利回りのようなもので、経営の効率性を表します。ＲＯＥは高いことが望ましいわけです。各企業のＲＯＥは『日経会社情報』や『会社四季報』に記載されています。

次に掲げるのは、長期保有のつもりが、株価が急上昇して売却益が出たという実例です。

▼実例：旭硝子（配当目的であったが、急騰したので売却した例）

『日本経済新聞』に、「クローズアップ日経平均株価」という欄があります。ここには、２００社以上のＰＥＲ、ＰＢＲ、配当利回りが掲載されています。買付時点で、旭硝子のＰＥＲ、ＰＢＲがともに低く、かつ配当利回りが４・２％（配当は日経予想、２０１３年３月４日）と高かったので、長期保有のつもりで買いました。

ところが、株価が急上昇したので売却しました。上昇した理由は、ＰＥＲやＰＢＲが低いのに配当利回りが高いことにあったのかもしれませんが、正確にはよくわかりません。

なお、売却後の平成25年7月31日に、同社は２０１３年12月期の連結業績見通しの下方修正を発表しました。これを受けて、同社の株価は翌日（８月１日）の終値が前日比マイナス48円の587円に急落しました。このような株価の上下について、筆者のような個人には予測がつきません。

買付　数量1000株　単価618円　約定日　平成25年3月8日
売付　数量1000株　単価760円　約定日　平成25年4月24日

▼実例：丸紅（配当を目的とした買付の例）

この株を買付けた理由は次のとおりです。①配当利回りが高い（3%台）、②PERが10倍以下で、PBRが1倍程度である、③食糧部門に注力している、④TPPのテーマに乗る可能性がある、④多角化が進んでいる。このように評価しても、一方では①市況の変動を受ける資源関連株である、②内乱、戦争などのカントリーリスクがある、③相場の地合いの悪化時にはつられて下降する可能性がある、というような問題も抱えています。

読者の皆様が本書を手にしたときには、同社の株価はどうなっているでしょうか。もっとも、この株は配当取りが目的なので、多少の株価の上下は気にとめません。

買付　数量１０００株　単価７３０円　約定日　平成25年5月9日
数量１０００株（保有中）

05 株主優待制度で銘柄を選ぶ

株主優待という制度をもつ企業があります。一定の株数をもつ株主に、自社グループ製品の詰め合わせや自社関連施設の利用優待券を配布するという制度です。

株主優待制度の利用のメリットは、同時に配当金も得られることにあります。銀行や郵便局の預貯金金利が極端に低い今の時代には、とても有利な株式投資です。

株主の期待と、安定株主を集めたいという会社の思いが合致して、この制度の導入企業が増加しており、２０１３年８月末で１０８５社、全上場企業の３割ほどに達しています（『日本経済新聞（夕刊）』２０１３年８月31日）。導入企業には、ニーサの開始に合わせて個人株主を引きつける狙いがあると思われます。

各社がどのような優待をしているかについては、『日経会社情報』や『会社四季報』の巻末に掲載されている「株主優待一覧」でご確認ください。

ユニークな優待制度としては、「抽選で、マラソンの参加権」（ミズノ）、「プロ野球公式戦観戦」（DeNA）などもあります。

一般に、この制度を楽しみにする株主は長期保有者になりますが、企業もそれを期待しているので、長期保有の株主を優遇して「1年以上保有の株主」「3年以上保有の株主」を対象とする優遇制度を設けている会社もあります。

また、株主優待の中には金券ショップで換金できるものがあります。図書カード、クオカード、おこめ券、航空会社の航空券割引優待などです。

「長期保有している間に、子供が成長して施設の利用優待券を使用しなくなった」とか、「引越しをして、電鉄の優待券を使わなくなった」という声を聞くことがありますが、そこまで利用すれば目的は達せられたというものでしょう。仮に、株主優待制度の利用をやめて株を売却したとしても、ニーサを利用していれば、その売却益には課税されません。

こうした意味からも、ニーサの利用価値は大きいのです。

なお、株主優待を受けるには、割り当て基準日の3営業日前までに優待を受取れる最低株数の株式を購入することが必要です。

第4章

ニーサに適した投資信託の活用

01 投資信託の長所と短所を知っておこう

資産運用会社のアンケート調査（2013年7月実施）で、ニーサ口座で取引したい投資商品のうち、「投資信託のみへの投資」が約半数で1位でした。

また、「株式投資と投資信託を組み合わせる」は2割強なので、両方を合わせると7割程度になります（第1章8ページ参照）。

投資信託は、多数の投資家から資金を集めて、これを1つの基金として専門家（アセット・マネージャー）が運用して利殖を図るという投資運用方法です。

基本的な注意事項としては、**①元本保証はない、②投資信託の各商品（ファンド）はそれぞれの証券会社に固有の商品なので、証券会社ならどこでも売買できるわけではない、**ということです。

ニーサ口座で国内株を扱うのは証券会社ですが、ニーサの対象商品である株式投資信託は証券会社だけでなく銀行も扱います。

自分の生業としての職業をもっている人が株式売買をすると結構な時間と労力を必要としますが、投資信託は手軽だといえます。

投資信託の長所を整理すると、次のようになります。

①運用を専門家に委ねることができる
②株式よりも少額から投資できる（例えば、１０００円からの投資）
③投資商品を分散するので、リスクを分散できる
④個人では調査が困難な新興国などの金融商品にも投資できる

一方、短所は次のとおりです。

①運用が機械的なことが多いので、相場の下降期には結構大きな損失が出ることがある
②専門家が運用するとはいっても、新興国などでは大規模デモ、内乱、戦争などのカントリーリスクがあり、また為替リスクもあり、思わぬ損失が出る可能性がある

投資信託を運用手法で分類すると、**「インデックス型」**と**「アクティブ型」**があります。

インデックス型は、ＴＯＰＩＸ（東証株価指数）や日経株価指数の動きに連動させて、機械的に運用するものです。顧客に対して、運用のしかたについて説明する手間がかからないため、手数料が安いのが特徴です。

一方、アクティブ型は、ファンドマネージャーが積極的な運用を目指すもので、ファンドに組み入れる銘柄の調査・選定を行うので、手数料も高くなります。現実には専門家といえども、短期的にはある程度の見通しが立つものの、既述のとおり、長期的には思わぬ事態が生じて、予測が外れることも少なくありません。したがって、後述のように、ニーサには手数料の安いインデックス型が適しているといわれます。

投資信託を応募期間で分類すると、「**オープンファンド（追加型投資信託）**」と「**クローズドファンド（ユニット型または単位型という）**」があります。

オープンファンドは、基本的にはいつでも買付が自由で、また解約・売却も可能です。購入時には、代金とは別に買付手数料を支払います。

クローズドファンドは、定められた買付期間が過ぎると追加買付ができません。ファンドによっては、解約や売却が一定期間制限されるものもあります。多くの場合、買付手数料は購入代金に含まれています。

クローズドファンドよりオープンファンドのほうが一般的で、数多く発売されます。

また、投資信託商品には「**一括投資型**」と「**積立投資型**」があります。ニーサを利用する場合には、後で説明するように積立投資型が向いています。

02 投資信託を選ぶ際の基本ポイント

投資信託の選び方の前に、金融機関の選び方のポイントを押さえておいてください。

それは、**①投資信託商品（ファンド）の品揃えが豊富である、②手数料が高くない、③自分に合ったサービスがある（ネット証券か、電話を使用するのか、質問に答えてくれるコールセンターが充実しているかなど）**、ということです。

投資信託は、少額投資が可能であるという特徴がありますが、大手証券会社の場合についていえば、最低購入単位が１００万円を超えるファンドも多くあります。ただし、ニーサの開始に合わせて、大手を含む各社からは、最低購入単位が少額で運用管理手数料（信託報酬）や販売手数料が安い、新しい商品の発売が発表されています。

ニーサを利用する投資信託への投資で注意したいのは、「銀行や証券会社に任せておけばよい」という受動的な姿勢で売買しないことです。確かに、運用そのものは専門家に委ねますが、どんなタイミングで、どんな投資信託商品を買うかについては、投資家本人が熟慮すべき事柄です。

投資信託の運用対象は、国内外の株式、国内外の公社債、新興国の株式・公社債、国内外の不動産などさまざまであり、さらにそれらのどれに重点を置くのか、あるいはバランスを重視するのかによって、さまざまな商品があります。具体的には、「公社債株式ファンド」「資産株ファンド」「中期国債ファンド」「バランス型ファンド」など、実にさまざまな種類があります。オープン型投資信託で、残高が10億円以上のファンドだけで２０００以上もあるとのことです。

第２章で説明した株式投資と異なり、投資信託は購入後、日常的に売買に注意を向けなくてよいのですが、購入時点では熟慮を要します。しかし、商品の選択は、現実にはとても難しいことです。

そこでまず、投資信託選びの基本的な資料をご覧ください。証券各社はホームページに「選択に困ったら」というような案内を掲載しています。

例えば、99～１０１ページの図表は、大和証券のホームページ「みんなの積立スタイル」（２０１３年９月閲覧）をもとに作成したものです。これは、２０１３年３月末時点での同社の調査によるものですが、「投信積立サービス　銘柄選びに困ったら……」というサ

利用されている方の年代は？

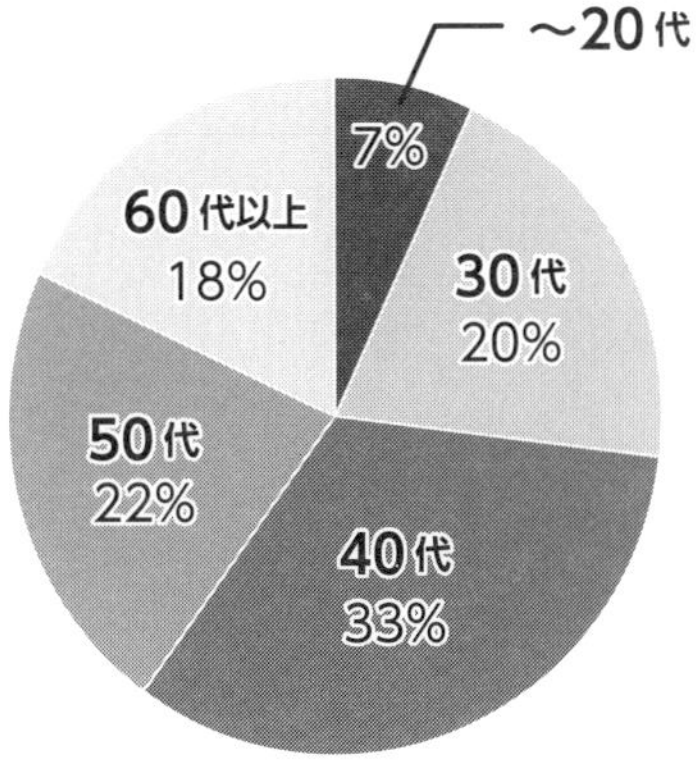

毎月の積立金額は？

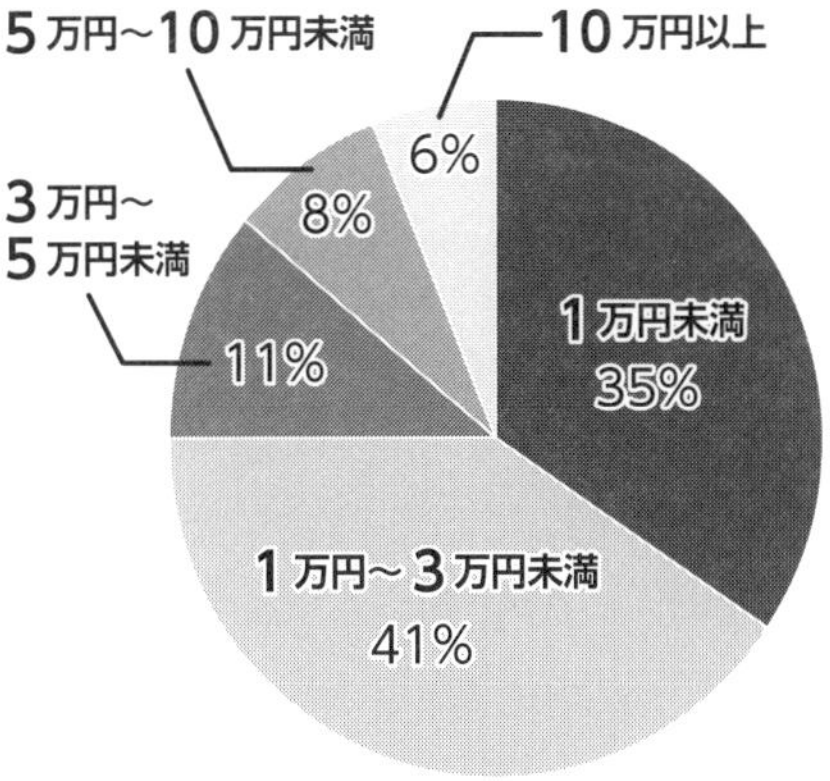

銘柄数は？

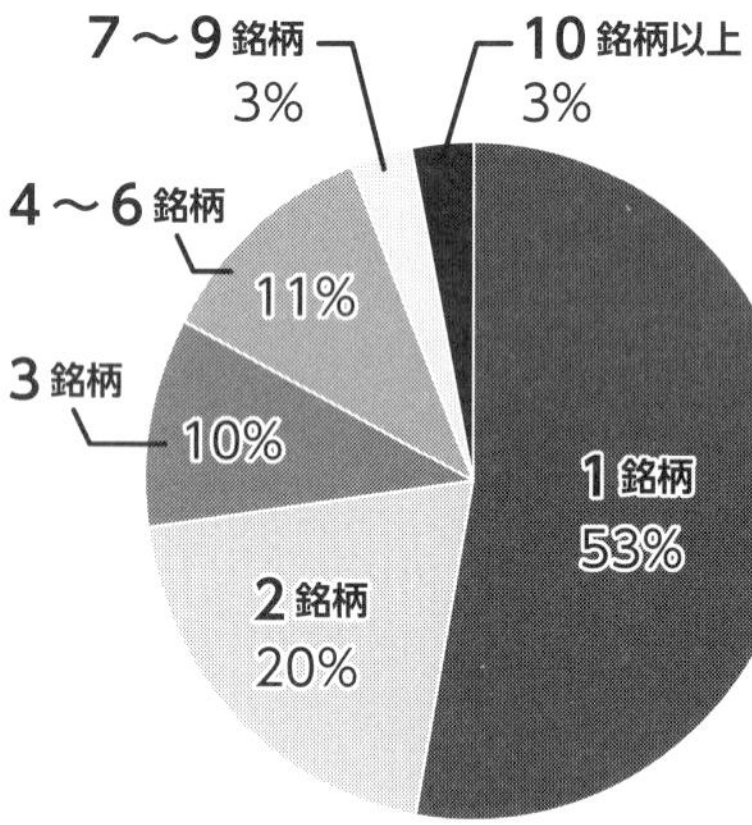

投信積立サービスを始めた目的は？

① リスク分散が手軽にできるため

② 特に決まった目的はないが、給与などから毎月一定額を自動的に積み立てたいため

③ 老後の資金準備のため

④ 教育資金など子供のため

⑤ その他

投信積立サービスの銘柄を選ぶ基準は？

① 運用実績（分配金実績など）

② 基準価額の水準、純資産の大きさ

③ 運用対象・運用方針

④ 買付手数料などのコスト

⑤ 人気度（ランキング情報など）

イトに「自分の投資スタンスを診る」「参考ポートフォリオを見る」「参考ポートフォリオ『海外資産バージョン』」「参考銘柄一覧を見る」というコーナーがあります。

選択の難しさに配慮して、投資信託の販売会社（証券会社など）によっては、窓口や「ヒアリングシート」で「高い収益性と安定性のいずれを重視するか」「新興国市場の金融商品への投資に積極的か否か」などについての質疑応答を行い、最適なファンドを紹介するというサービスも用意しています。

03 ニーサに適した投資信託の選び方

投資信託には、既述のように「少額から投資できる」「専門家に運用してもらえる」というメリットがありますが、実態としてはいくつかの問題点も指摘されてきました。

第1は、証券会社が手数料を稼ぐために、他の投資信託商品への乗り換えを勧めることがあるということです。

第2に、近年急増してきた毎月分配型ファンドの中には、運用資産を取り崩して分配金を支払うものがあり、投資家がその分配金を利益であると誤解することがあります。

第3に、日本の投資信託の運用管理費が高いという点です。

そこで、ニーサの開始に先立って、金融庁は新たに適用する監督指針を制定しました（金融庁ＨＰ「金融商品取引業者等向けの総合的な監督指針」２０１３年８月閲覧）。この監督指針はニーサでの適用商品に対するものであり、したがって、投資信託だけでなく株式にも適用されます。その内容は次のとおりです。

「投資信託は、専門知識や経験等が十分でない一般顧客を含めて幅広い顧客層に対して勧誘・販売が行われる商品であることから、顧客の知識、経験、投資意向に応じて適切な勧誘を行うことが重要であり、特に以下のような点に留意して監督するものとする」

留意点とは、すなわち次のとおりです。

①中長期投資や分散投資の効果などの説明といった投資に関する基礎的な情報を提供する

②非課税口座では、年間１００万円まで有価証券の買付を行うことができ、非課税口座で保有している有価証券を一度売却すると、その非課税枠の再利用ができない――そのため、短期間での売買（乗り換え）を前提とした商品には適さない

③投資信託における分配金のうち、元本払戻金（特別分配金）はそもそも非課税であり、ニーサにおいては制度上のメリットを享受できない

④ニーサを利用する顧客に対して、例えば一定期間に分割して投資することにより時間的な分散投資効果が得られる定額積立サービスや、中長期にわたる安定的な資産形成に資するような金融商品を中心とした商品提供を行う（以下略）

以上は、金融庁がニーサ商品を扱う金融機関に対する監督指針を示したものの一部ですが、このことは、とりもなおさず投資家への注意事項でもあります。このことから、ニーサに適した投資信託の選び方のポイントは次のとおりです。

①バランス型が適している

短期間での他のファンドへの乗り換えは適さないので、投資割合を自動で調節してくれる「バランス型投資信託」が適しています。

②毎月分配型で分配金の高い投資信託は適さない

年金感覚で毎月分配金を受取ることができる「毎月分配型ファンド」は、高齢者などに人気ですが、その中には元本の一部を取り崩して分配金を支払うものがあるが、これは好ましくありません。またニーサ枠を減らさないためにも、毎月分配型で分配金の高い投資信託はニーサには適しません。

③定額積立型のような長期型が望ましい

毎月定額を買付けると、相場が下がった時に多く買い、相場が上がった時には少なく買うことになるので、長期間継続すると購入単価を引き下げることができます。

④インデックス型が適している

ニーサの利用では、「アクティブ型」より販売手数料の低い「インデックス型」が適しています。

これらは金融庁の監督指針からみた投資信託の選び方のポイントですが、次に著者からのアドバイスを加えさせていただきます。

①リスクを軽減するために総合的にバランスをとる

バランス型投資信託とはいっても、例えばリーマン・ショック時のバランス型投資信託の落ち込みは大きかったという経験があります。したがって投資信託だけでなく、株式投資、さらには第８章で説明するように、ニーサでは購入できない金融商品、例えば公社債、個人年金保険などを含めた金融商品全体に目配せをして、総合的にバランスをとることが必要です。

②為替リスクがなく、高利回りの「日本株ファンド」に注目する

投資信託の中でも、高利回りの日本株に投資するファンドは選択肢の１つになると思います。日本株には為替リスクがありません。高利回り株については第３章をご覧ください。

③運用実績のよいオープンファンドを探す

すでに販売されているファンドの中から、運用実績のよいオープンファンドに投資するという考え方も重要です。ニーサ開始前である２０１３年８月時点での各社の人気ファンドを、参考までに掲げます（次ページ表参照）。

投資信託の人気ファンドの例（2013年8月現在）

運用会社	ファンド名	純資産残高（億円）
フィデリティ	フィデリティ・USハイ・イールド・ファンド	9716
大　和	ダイワ高格付カナダドル債オープン（毎月分配型）	3402
日　興	日興グラビティ・グローバル・ファンド	820
野　村	野村通貨選択日本株投信（米ドルコース）年２回決算型※	791
三井住友	日興エドモン・ドゥ・ロスチャイルド・ラグジュアリーファンド	701

注：純資産残高は１億円未満を四捨五入。※は通貨選択型
（出所）リッパー・篠田尚子「リッパーの眼　オープン投信」『朝日新聞』2013年9月7日より一部抜粋

④運用方針が明快なファンドから選ぶ

例えば、「トヨタグループ株式ファンド」（運用会社：三井住友アセットマネジメント。設定時期２００３年11月）のように、運用方針が明快なファンドもあります。

このファンドの場合、トヨタ自動車とそのグループ会社のみに投資します。これまでのところ、運用成績が好調で人気を集めています。

ただし、米国での「暴走車事件」（トヨタ車には欠陥がなかったことが後日に証明された）や、尖閣諸島問題で中国での販売が急減したように、リスクもはらんでいます。ご自身が特定分野に詳しい

NISA 向けは低コスト・安定運用をめざす投信が多い

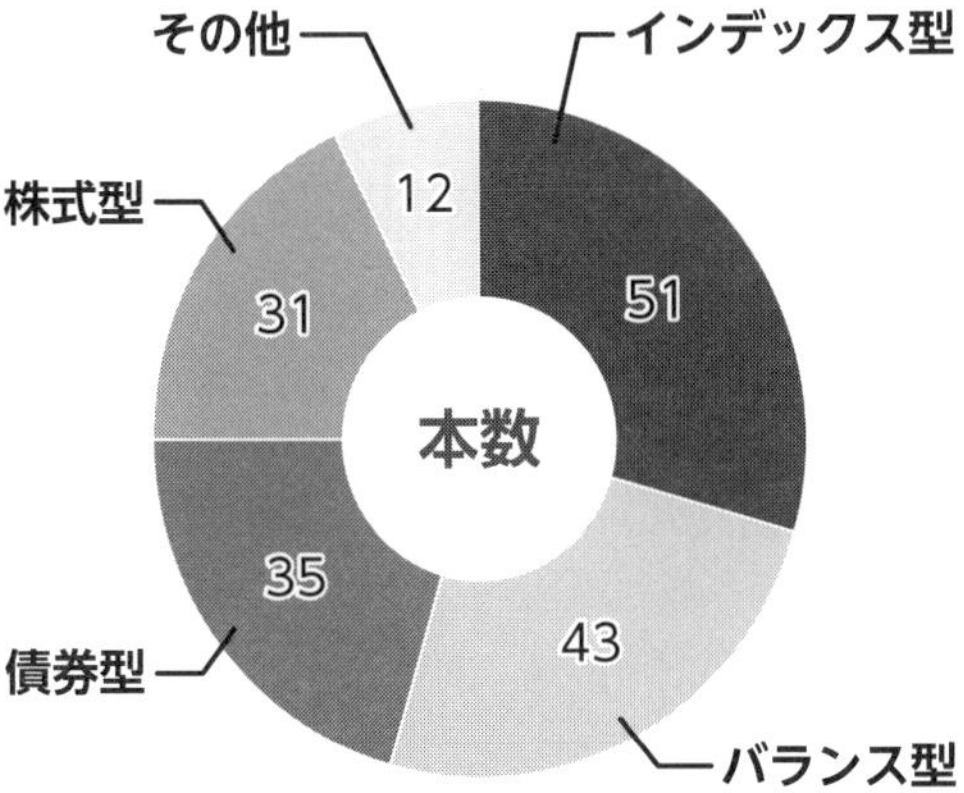

注：野村證券、大和証券など主要証券分を集計
（出所）『日本経済新聞』2013 年 9 月 18 日

場合には、その分野を中心に投資するファンドを選択するというのも１つの方法です。

⑤ニーサに合わせた新規の商品から選ぶ

ニーサに合わせて、各証券会社が新しい投資信託商品（委託手数料、各種のサービスを含む）の公表を始めています。

各社が２０１３年９月時点で公表しているニーサ用として勧める投資信託は、既存商品と新規商品を合わせて、１７０本に達しているとのことです（『日本経済新聞』２０１３年９月18日）。その多くは、販売手数料が無料のインデックス型、バランス型のようです。これらの中から選択するという考え方もあります。

アメリカなどと比べて日本の投資信託は、その運営管理費用（信託報酬）や販売手数料が高いといわれてきましたが、ニーサ開始に合わせて、信託報酬や手数料の低い投資信託の新商品が発売されています。特に、ネット証券を中心に手数料を無料にする金融機関が出てきました。

ニーサ口座は、４年間は金融機関を変更できないことになっていますが、２０１５年からは金融機関を変更できることになる予定であるため、サービス内容や商品内容を比較して選択することができます。

第5章

これなら損しない！
持ち株を高く売る方法

01 「株は儲かる!」は売り時のサイン

まず確認しておきますが、株は損をして売らないことです。買った株が下落しても、ナンピンを入れて平均買値を下げておいて上昇を待てば、いずれは利益を得て売却できるか、あるいは悪くても「引き分け」に持ち込むことができます。

今の時期は、既述のようにアベノミクスと東京五輪の相乗効果で相場の上昇初期であると、著者は個人的に思っていますが、相場が上昇期に入ってから相当な期間が経過して、人々の間で「株は儲かるようだ」と噂されるような時は、下落局面が近いということです。すでに利幅を取れていたら、少しずつ売却を進めることが賢明です。「少しずつ」という言葉には2つの意味があります。

それは、①**いくつかの銘柄を少しずつ売却する**、②**ナンピンを入れて同一銘柄を2~3回購入した場合には、単元株数(例えば、1000株)ずつ売却する**、ということです。

いつ急落し、どこまで上昇を続けるのかは正確にはわからないので、1回目には利幅は少なくても利益確定売りを行い、２回目には儲けて、３回目には大きく儲ける、あるいは３回目には急落が始まって売り逃すことになるかもしれません。それはしかたのないことで、次回のチャンスを待ちましょう（実例：神戸製鋼所を参照）。

株式の売買と一口に言っても、売買をする主体には少額の個人、大口の個人・法人、証券会社、生命保険会社などの機関投資家、投資ファンドなどがあり、さらにその手法には、現物売買、信用取引、高速取引、市場外取引などがあります。

ここでは、ニーサを利用する個人の現物売買を念頭に置いています。この場合には、手堅く少しずつ利幅を取ることを考えたほうがよいと思います。

昔から、株で大損した人は後を絶ちません。大損まではいかないけれど、株で損をした経験のある人は大勢います。とにかく、めったに損をしないで確実に少しずつ儲ける、というのが著者の実績です。例えば、１５０円で１０００買った株を２５０円で売却して10万円儲けるというような売買です。

このような取引では、底値または底値に近い値段で買っておいて、値上がりをじっと待つという姿勢を保つことが大事です。そうであるからこそ、巷で「株は儲かる」といわれる時が、売り時なのです。

新興株式市場への上場企業の中には、中長期的にどんどん成長していく企業があるはずです。

インターネット、バイオ、ナノテクなどの技術系のベンチャー企業、ゲームやアニメなどのアミューズメント系ベンチャー企業、サービス業系のベンチャー企業などの中には、長期的には株式投資金額が、10倍、100倍、1000倍になる企業もあるはずです。

しかしその逆に、新規上場した頃が最高値で、その後は株価が低迷してしまう企業が多いことも現実です。なかには上場廃止ということもあります。

本書では、ある程度の利幅（3～7割）を取ったら売却することをお勧めします。ただし、商い（売買高）を伴って上昇している場合には、さらに上値を目指します（実例：伊藤忠商事を参照）。

臆病な、貧乏性の株式投資方法といわれてもしかたありません。著者は、個人の株取引には情報収集力、組織力などで限界があると思っているからです。

02 株の保有期間はどのくらいがよいか？

株の保有期間は、株式投資の方法によります。

デイトレーダーの売買では、株価の上がり下がりの要因などはまったく考えず、時間による株価の変動で利ザヤを取るので、保有期間は秒または分単位です。反対に、バフェット氏の有名な長期投資もあります。保有期間は、時代状況、投資金額、投資方法などによって決まるのです。

著者が考えている**保有期間は、おおむね６カ月から３年程度（「配当取り」の場合には長期保有）**です。ただし現実には、買付けた株が低迷して長期間保有することもあります。

株式投資は、本来はその成長性に着目して投資してリターンを得るものなので、長期間にわたって保有します。

したがって、会社の業績（売上高、経常利益、純利益）が順調に伸びている間は、その株を保有し続けるべきです。３年とはいわずに、10年以上保有して大きなリターンを得ることも、場合によってはありえることです。

しかし、今日のビジネス界では変化が速くて、モデルチェンジの期間が短くなって陳腐化も早くなっているというのが現状です。

また、相場全体の波動のサイクル期間などを勘案して、3年程度という保有期間を考えています。

さらに、現実には暴落があった時には戻りも早いことがあるので、1カ月以内で売却益を出したこともあります（戻りの期間は、暴落の性質によります）。反対に、下落した株の戻りが遅くて、10年以上保有しなければならないこともあります。

コラム⑨ 「放置」して利益を出した金投資

人生では、都合の悪いことは放置しないで、早めに対処することが必要です。しかし、相場ものの世界では「都合の悪いことは放置する」ことも、時には必要です。

著者による金の売買の例を紹介させていただきます。日本でも金の取引が広まった17年ほど前のことです。新聞紙上でも金の売買が取り上げられるようになった頃で、金価格は1グラム2800円程度でした。最初の購入価格は2600円で2000グラム。その後、値段が下がったので２０００円程度で２００グラム、さらに下落したので、１２００円程度で２００グラムを購入しました。金価格は下降線をたどり、含み損が出ていました。こんな時には、あれこれ考えても無駄なので、その後10年ほどは購入したことも忘れ、放っておいていました。

ところがある日、金価格の高騰が新聞などで報じられて思い出し、全６００グラムを３０００円弱で売却して利益を出しました。２００グラムの金の延べ板３枚を、家の中のどこに収納したのかも忘れていましたが……。

今振り返ってみれば、３回目の買値約１２００円は底値でした。これは運がよかったともいえますが、ナンピンを入れたからの必然であったともいえます。一方、売値は、その後に１グラム５０００円にまで高騰したので、「早すぎた」あるいは「辛抱が足りなかった」ともいえます。

ここで大事なことは、都合の悪い時には疲れるので忘れてしまう、あるいは放置してしまうことです。

金価格が下がった時、「あぁ損した、こんなに損した、なんとか上がらないかなぁ」などと思いながら新聞で金相場を毎日見ていたら、下落が何年も続くので辛抱しきれなくて、落胆の気持ちが頂点に達する１グラム１２００円の底値で売却してしまう、というようなことにもなりかねません。

外貨商品の場合も同様です。外貨建債券を買ったところが、その外貨の安値で満期到来の場合に、そこで外貨を円に換えて受取ると損が出ます。外貨のままで再度、外貨商品を買っておいて、高くなったところで売却すればよいのです。

実に気の長い話ですが、既述のように物事には復元力が働き、また市況は回復するものです。

ただし、余裕資金でなければ、こうした対応はできません。余裕資金で行うことが前提なのです。金、通貨、株という相場ものは上がれば下がり、下がれば上がります。

もっとも、「辛抱」の程度は、その人の性格と経験によるのかもしれません（金の売買については、著者の記憶に頼って記述したので、厳密には正確でない箇所があるかもしれませんが、意図をお汲み取り願います）。

03 「地合い」「辛抱」「腹八分」を肝に銘じる

株価は、相場全体の「地合い」に大きく左右されます。日経平均株価が４００円程度下落しただけで、上場株の９割が値下がりする、ということは珍しくありません。例外的に、仕手性が強いと、多くの株が値を下げても「逆行高」になる株もあります。一般的には相場全体が上昇して、自分の持ち株もつれて上がるまで辛抱強く待ちます。

繰り返しますが、「株は上がれば下がり、下がれば上がる」ものです。株価の上昇を待ちきれなくて損切りしたくなった時は、初代若乃花親方の「人間、辛抱だ」という言葉を思い出しましょう。

では、上昇に転じた場合には、いつ売却すればよいのでしょうか。

ニーサを利用した株の売買では非課税なので、証券会社の売買手数料が引かれるだけです。したがって、３～７割の値上がりが頃合いではないでしょうか。２００円の株であれば、２６０円～３４０円での売却です。

買付の時におおよその売付価格を決めておけばよいのですが、現実には急上昇したり、下がり気味になったりと不明なのが株価です。実際には、保有する株の今期の利益と来期の予想利益の変化率、その時々のテーマに乗っているか、商い（売買高）を伴っているかなどを考慮して決めます。

辛抱したかいがあって、ほぼ目標の値幅が取れそうになり、「売却しようか、もう少し値上がりを待とうか」と迷った時には、「腹八分」という言葉を思い起こしましょう。

コラム⑩ どのくらい「辛抱する」のか？

少し古い語録ですが、「人間、辛抱だ」と言ったのは、初代若乃花親方でした。このことは、株の世界にも当てはまります。

「相場ものは上がれば下がり、下がれば上がる」と言いました。重要なので再確認しますが、1つには物事には復元力が働く、2つめには市況はサイクルで変動するという理由で、下落した株価は辛抱して待っていると上昇に転じます。

この場合に、回復期間を短縮するためにナンピンを入れることがあります。辛抱は、**「損切り」しないで回復を待つ**時に必要なことです。

一方、株価が上昇して利幅を取って売却できるまでの期間を待つ時にも、辛抱が必要になります。著者は６カ月から３年程度の保有期間を考えていますが、実際には２年近く待ってもあまり値上がりしないので売却したら、その後に大きく上昇したという苦い経験もあります。

実は、辛抱する、我慢するということは「買うべし、売るべし、休むべし」という格言につながります。「休むべし」というのは株価の循環を待てということを意味します。底値を待ちきれないで、我慢できないで高値づかみをしないために、「休むべし」という格言があるのです。

相場全体が下落して、狙っている株を底値で拾えるまで我慢します。その後、売却のタイミングとして、買値から１・３〜１・７倍程度に上昇するまで我慢しなければなりません。

株式売買で辛抱が必要な場面は３つあります。

第１の辛抱は、高値で売却できるまで上昇を待つ時です（業績予想が現実になるまで１年以上待つこともあります）。第２の辛抱は、相場低迷時期に底値で拾えるまで待つ時、そして第３の辛抱は、持ち株が下落してナンピンを入れる好機を待つ時です。

前出のサイバーエージェント（第2章77ページ参照）の実例で追加説明しましょう。

この株の最初の買付では、結果論としては高値づかみで、買付後に株価が急落しました。10万6000円で1回目のナンピンを入れました。さらに急落したので、単価3万円で2回目のナンピンを入れようと辛抱していたところ、はたして3万円台まで落ちてきました。さてそろそろ2回目のナンピンを入れようと待ち構えていたところ、今度はスルスルと急上昇を始めて、1回目のナンピン価格を超えてしまいました。結局、1回目の売付価格は26万4900円でした。

この時の反省点は、①**最初は高値づかみした**、②**最初は1株だけ買って様子見すべきところ3株も買ってしまった**、③**2回目のナンピン予定株価が低すぎた**、ということです。2回目だけでなく3回目のナンピンを入れることを考えておけば、2回目は5万円程度で買付ができたはずです。著者の心中を正直にいえば、大幅な下落が怖かったので、3回もナンピンを入れることができなかったのです。

ただし、27万円台で買った株が3万円台に急落しても損切しないでよく辛抱した、とはいえると思います。

04 相場全体の状況に合わせて「売り方」を考える

❶相場全体が急騰して、持ち株も急騰した場合

相場の急騰時には、間もなくその反動で大きな下落が来るものと覚悟しておかなければなりません。

例えば、アベノミクスに期待して、２０１３年5月に日経平均株価が1万５０００円台に急騰しました。株は上がれば下がり、下がれば上がります。当然に株価調整が必要になり、同年5月23日には１０００円以上暴落し、その後も何度か大きな調整（下落）をしました。

相場の急騰時には、売りのタイミングを待ち構えておくべきです。大事なことは、あらかじめ「どの程度の利幅で売却するか」を決めておくことにより、自分の株に感情を込めないことです。売りも買いも、クールに対処することが肝要です。

❷相場全体の上昇に乗って、持ち株も上昇している場合

相場全体が上昇基調にある時は、早い遅いという相違はありますが、持ち株も上昇する傾向にあります。このような時には、その流れを重視して売り急がないでください。

特に、商い（大きな売買高）を伴って上昇する場合には、大きく上がる可能性があるので、焦って売らずに大きな利幅を取ることを考えます（実例：伊藤忠商事を参照）。

❸持ち株だけが急騰した場合

急騰の原因が、TOB（株式の公開買付け）などで、はっきりわかる場合は別として、普通はよくわからないことが多いと思います。

もちろん理屈としては、「テーマに乗った」「PERが低くて買い遅れている」などいろいろあるでしょう。要するに、大口の個人投資家、機関投資家、投資ファンドなどの大手筋が買いを入れた、ということです。

したがって、特に商いの薄い時に間隙をついて一瞬に急騰した場合には、利幅が取れていれば急いで売ったほうがよい場合が多いでしょう。急騰して、その直後にアッという間に元の値に戻ったというケースを、著者は何度も経験してきました。

❹相場全体には方向感がないが、持ち株がジグザグしながらも上昇している場合

難しいケースです。「業績向上が期待されて買われている」「テーマに乗っている」など、理屈はいろいろあります。上昇の勾配、売買高の厚みなど、状況が多様なので著者も確信がもてません。

ある新聞の株式相談欄で、「売却のタイミングで迷ったあげく、後悔することが多い。株売却の判断基準を教えてください」という読者からの質問がありました。

これに対して専門家が「(売却するのは) まずは企業の利益成長が従来ほど期待できなくなった時です」と回答した記事を読んだことがあります。

しかし現実には、個人株主には「企業の利益成長が従来ほど期待できなくなった時」がいつなのか、わからないのです。あるいは、そのことが新聞などで報道された時にはすでに株価は下落しているので、株価が下がってから売却することになります。

加えて、同じ「売り」にしても、地合いのよい時の売りと、悪い時の売りでは、売値が大きく違います。

利益確定売りは、著者の場合には、あらかじめ想定していた上値に近づいた時に、「腹八分」という言葉を思い浮かべながら行っています。

❺持ち株の値が下がった場合

繰り返しますが、低位株の場合には安易に売却すべきではありません。

買値の半値以下に下がるのを待ってナンピンを入れて、平均買値を下げてください。下がったからといって、気分が落ち込んで売却したくなるようなら、初めから買うべきではありません。株は安易に買うものではないのです。

第6章

これだけは避けたい！
株式投資の落とし穴

01 株の売買は余裕資金で行うのが鉄則

この章では、第2章と第5章の繰り返しになる部分がありますが、重要な注意点を確認します。

株式投資が怖いのは、相場の上昇期に株を始めると、自分の買った株がどんどん上がって儲かるので、「自分には株取引の才能がある」「株は儲かるものだ」と思い込んでしまうことです。

株は相場の上昇期には、どんな株も遅かれ早かれ上昇します。調子に乗って持ち金を全部つぎ込んでしまうと、相場の下落時点ではなす術がありません。なにしろ、すべてのお金を株につぎ込んでいるので、**ナンピンを入れることもできない**のです。

相場の下げにはキツイものがあります。

テレビで、昔の有名な演歌歌手が「株とは何ですか?」と問われて、紙に大きく「地獄」と書いたのを観たことがあります。

実は、余裕資金でなければ、**自分の持ち株を冷静に見ることができない**のです。余裕資金であるからこそ、心に余裕があるのです。

第2、5章で説明したことの中には、「気分」とはかけ離れた売買行動が必要なことが書かれています。クレバーで冷静な売買をしましょう。

余裕資金でなければならない理由には、余裕資金であればこそ戻りを待つことができるということもあります。

株、金、外貨などの相場ものには、購入価格の下落がつきものです。この場合に、戻りが早いものもあれば、戻りに長い年月を要するものもあります。余裕資金での買付でなければ、**辛抱できずに損切りで終わる**ことになります。

02 「下がったから売る」は大間違い！

証券会社の店内で、「下がったから売ってしまおうかなぁ」「売れば上がる、買えば下がる」というつぶやきを聞いたことがあります。これが、株式投資での最悪手です。

すでに説明したように、自分の持ち株の価格が下がったということは、良い株をさらに安く買えるということです。「下がったから売る」のではなく、「下がったから買う」ことによって平均買値を下げておくのです。ここが肝要なのです。

なぜ、「下がったから売る」という気持ちのなるのでしょうか。恐らくは、自分の持ち株が「値上がりしてほしい」といつも思っているのでしょう。ところが期待はずれになって落胆して「売ってしまおうか」と考えるのでしょう。

そうではなくて、「できるだけ底値で拾いたい」と思っていれば、相場全体と株価が「下がってほしい」と思うはずです。

言い換えれば、前者は「高く売りたい」という気持ちが中心なのです。そうではなくて

「安く買いたい」という気持ちになれば、「下がったから売る」という気分にはならないと思います。

安易に買えば下がるのです。底値で拾えば上がるのです。**株式売買の要は「売り」でなくて「買い」**です。

一般的な投資家心理では、相場全体が上昇傾向になると強気になり、下落基調になると弱気になります。その結果、「高値でつかんで安値で放す」ことになりがちです。その時々の気分で買うと、気分で売ることになります。

しかし、一般的には「下がったから売る」ということもありえます。ここで留意しておきたいことは、物事には前提条件があるということです。本書では低位株の売買を前提にしています。したがってナンピンを1回、2回入れても金額は少額です。

ところが、値がさ株の売買の場合には、いったん株価が下落するとその下落幅が大きくなり、さらにナンピンを入れるにもその金額が大きくて、傷口を広げることになりかねません。

したがって、値がさ株の場合には一定の下落ラインを決めておいて、そこまで下落したらナンピンは入れないで、「損切り」するという方法もありえるのです。

03 日常的な短期売買はしないほうがよい

デイトレーダーの高速売買は、わずかな時間差を利用して一瞬の利幅を取る手法ですが、株価に影響を与える要因は一切が無視されます。これは、短期売買というより短時間売買というべきでしょう。本書で短期売買という場合は1カ月以内の売買を指します。

ニーサを利用すると非課税ではあっても、証券会社の手数料が引かれます。株価は大きく下がることもあるので、わずかな利幅ではトータルで利益を上げることができません。『日経会社情報』や『会社四季報』で、どの株についてでもよいから月間の高値と安値を比べてみてください。かなり大きな開きがあることに、改めて気づくはずです。

日常的な短期売買の欠点は、**①利幅が少ししか取れないので、大きな損を出した時の埋め合わせをできるほどの利幅が取れない、②ニーサ口座では、一度売却するとその非課税枠の再利用ができないので短期売買には適しない、③疲れてしまう**、ということです。

ただし、天災地変その他の特殊事情で相場に急変が生じた場合には、この限りではありません。

04 断片的な情報に惑わされない

世の中にはさまざまな情報が氾濫しています。株、企業、経済に関する各種の情報が、新聞や雑誌、書籍、インターネット上に氾濫しています。そうした中には「ある会社がある種の新製品を開発した」とか、「ある会社が海外から大きな受注をした」という記事も掲載されます。

しかし、これらの情報が、どの程度にその会社の今後の成長力に結びつくは未知数です。ましてや、その会社の株価上昇に結びつくか否かは不明です。

また、株式関係の本や雑誌などには、さまざまな指数から見た、割安な株に関するランキングが掲載されていますが、それはあくまでも一断面にすぎません。株価情報誌の中には、「本誌独自の方法で選出した推奨銘柄ランキング」などが掲載されることもあります。どんな方法で選出したのか知りませんが、そういう情報を鵜呑みにして、株を買うという行動に直結しないように注意しましょう（著者の体験的な反省点です）。株式投資についての「無責任な記事」（根拠を示さない、という意味で）は信用しないことです。

情報が氾濫している時代であるからこそ、自分自身の判断力が問われます。「独りよがり」は困ります。他人の情報を鵜呑みにすることも困ります。

振り込め詐欺や各種の投資詐欺の被害者に共通するのが、独りよがりと鵜呑みです。情報の取捨選択力が問われる時代です。

本書の読み方についてもお願いしたいことがあります。それは、本書の特定の箇所だけを読んで株を売買するのではなく、全体として本書は何を言いたいのか、これを理解してほしいのです。例えば、本書では「ナンピンを入れる」ことを重視していますが、これは「低位株」の売買を前提にしているからです。「値がさ株」を買ってナンピンを入れるという方法を推奨しているわけではありません。

つまり、本書を繰り返し読んで全体をインプットしたうえで、自分自身の理解として「腑に落ちる」ようになったら、それを自分自身の売買方法として採用してほしいのです。部分読みして、誤った投資をしないように切望します。本書の説明を疑いながら読んで、ご自分の投資スタンスを確立してください。

ただし、著者の投資実例は、証券会社発行の「顧客勘定元帳」（原本証明書付き）と「取引報告書」に基づく事実です。

05 金融機関の推奨商品に安易に手を出さない

もう20年以上前のことになりますが、その当時取引していた証券会社の担当社員から次のような電話がありました。

「キヤノンの○○製品に悪いうわさが出ているのですよ。利益が出ているのだから、キヤノンの株を売ってはどうですか」

昔は証券会社の社員を「株屋」と呼びましたが、「うわさ」で客に株の売却を勧めるのかという疑念を抱いて、その証券会社との取引はやめました。

今では、株屋のような証券会社はなくなったとは思いますが、リスクのある金融商品についてては、よく調べたうえでの自己判断が大事です。

特に**注意したいのは、銀行や証券会社の窓口での推奨商品**です。外貨預金、国内外の株式投資、国内外の国債、国内外の投資信託、国内外の保険商品など各種の金融商品が販売されており、窓口で若い社員が対応していることもあります。

著者は、投資の経験を積んで金融商品を理解するためには、最低で15年程度を要すると思っています。なぜなら、15年ほどの期間のうちには、何度かの「株価暴落」を経験するからです。

一般的には、20歳代から30歳代の人では、金融商品のリスクを実感する機会が少ないと思います。金融商品の売買では、リスクを実感することがとても大事なことです。

証券会社の投資アドバイザーには、一定の年齢に達した経験者が就いているようですが、銀行で金融商品の販売をしている窓口担当者の中には若い社員を見かけます。

金融商品の販売に携わるには資格が必要なので、最低限の知識を身につけたうえで、銀行としての方針を理解して顧客に商品を推奨しているのでしょうが、顧客の資産状況などをしっかりと把握して金融商品を勧めているのだろうか、という疑念を抱くことがあります。

人の事情はそれぞれ異なります。銀行や証券会社の窓口で推奨されるままに金融商品を買うのではなく、金融商品を自らが主体的に判断できる能力をもちたいものです。

06 「その時の気分」で絶対に売買しない

本書を読んでわかったつもりでいても、実際の売買になると気分が優先して、まさに「その時の気分」で売買してしまうことがあります。

今、「本書を読んで……」と述べましたが、これから株式売買を始めようという人のほとんどは、あまり調査をしないで株取引に挑戦するようです。

著者はある時、証券会社で神戸製鋼所の会社研究会（平日の午後開催）に参加したことがあります。満員の会場に詰めかけた参加者の多くは年配者で、退職者のように見えました。講師は本社の部長さんでした。

説明が一通り終わってから「質問をどうぞ」と促されたので、著者はいくつかの質問をしました。少額とはいえ、投資をするのですからよい機会だったのです。ところが、著者以外からの質問はなく、閉会しました。

ニーサを利用する株式投資が始まりましたが、株式投資にはあらかじめ一定の知識が必要です。多くの人たちが著者の経験と知識を踏み台にして、満足できる投資結果を出し、ニーサという制度が日本に定着してほしいと、僭越ながら願っています。

しかし、どういうわけか、物品を買う時には10円でも安いほうを選ぶ人が、株の売買になるとずさんになる場合があることを、著者自身の経験から知っています。

株式売買が始末に負えないのは、既述のように、相場全体の上昇時期には気分で買っても株価が上昇することが多いので、自分の能力が高いと錯覚しかねないことです。

利益が出れば、普通の人は株式投資をやめません。その結果、相場全体の下降局面で、あるいは相場が崩れた時に深い痛手をこうむるのです。

株式投資は怖いものです。著者自身は深い痛手を経験したことはありませんが、株式投資は怖いものだ、といつも臆病な気持ちで少額の投資を継続しています。

07 リスクが大きい信用取引はしないのが賢明

「**ニーサ口座の株式を信用取引の担保にはできない**」という国税庁長官の見解が新聞報道されました（『日本経済新聞（電子版）』２０１３年7月19日）。

したがって、ニーサ口座と信用取引は直接関係ありませんが、信用取引についても若干の説明をしておきます。

経済を構成する３つの要素は、「家計」「企業」「政府」です。

資本主義経済では、企業形態の中心は株式会社であり、その株式会社の株は株式市場での売買によって流通して株価が形成され、会社の時価総額が決定します。高い流動性の確保により適正な価格が形成されます。株式の売買は、まさに資本主義経済の根幹をなすものです。

したがって、信用取引も適正な価格形成ために必要な制度の１つです。しかし、証券・金融業界などで一定の任務に就いている人たちの場合は別として、一般的には個人は信用取引を行なわないほうが賢明でしょう。

特に、退職金を元手にしての信用取引は行うべきではないと思います。なぜなら、信用取引を行うには、個人は情報力が不足していて、リスクが大きすぎるからです。

信用取引は、自己資金の何倍ものお金を動かして株の売買をします。信用取引の反対方向（信用取引の買いに対して相場が大きく崩れる、あるいは売りに対して相場が大きく上昇する局面）に相場が大きく動いた場合には、証拠金が不足して追加の証拠金（追証という）が必要になります。

ある証券会社の社員は、お客様に追証がかかると「こちらまで、とてもハラハラ、ドキドキします」と話しましたが、投資家自身のストレスはそれ以上だと思います。

著者にとっては、信用取引はリスクがあまりに大きすぎて、まったく考えられません。ただしこれは、あくまでも著者の個人的な考えにすぎません。

08 未公開株などの勧誘には十分に注意する

ニーサは証券会社に設けた口座を使った株式売買ですが、これとは別に「未公開株」などの金融商品購入の勧誘が訪問販売や電話などで行われることがあります。

著者はあるとき、行きつけの都内の美容室の女性経営者からこんな相談を持ちかけられました。

「お店に未公開株の勧誘員が来て、『この株を今買っておくと、年末には儲かること間違いない』と言うので、儲けたお金を年末に使おうと思って、所持していた現金50万円で買ったのだが、先方と電話がつながらない」

典型的な未公開株の詐欺です。その詐欺で使用されたのは、実に巧みに作成されたさまざまな書類、立派なパンフレットです。

新規上場株の人気につけ込んで、「上場間近」「発行会社とのコネで特別に入手した」「あなたに特別に譲渡します」「確実に儲かる」などと言って勧誘し、投資家が代金を支払うと、とりあえずの「預かり証」を渡す、というような手口です。

しかし、未公開株の販売ができるのは、当該未公開株の発行会社や登録を受けた証券会社に限られています。

未公開株に限らず、社債、投資信託など勧誘商品はさまざまで、最近は太陽光発電やシェールガスなどの新エネルギー関連事業への投資詐欺が多いと新聞報道されています。その場合に利用される、立派なパンフレットが曲者です。

見知らぬ業者からの儲け話の勧誘には注意しましょう。

投資詐欺を見抜くポイントは、「必ず儲かります」「皆さんも儲けています」「損はさせません」「元本保証で高利回り」などという勧誘文句です。このようなフレーズは、金融商品取引法で禁止されていて、「虚偽の告知」（第38条1項）または「断定的判断の提供」（第38条2項）に当たります。

なお、この美容室の経営者が支払った50万円は結局、回収できませんでした。

第7章

初心者でもわかる！
株式相場の見方・読み方

01 株価の変動要因は大局だけ把握しておけばよい

株価の変動要因は多数ありますが、注視しなければならない変動要因は、投資スタイルによって異なります。デイトレーダーの場合には、株価の変動要因は考慮する必要がありません。時間差による株価の動きだけを注視していればよいからです。

長期投資の場合には、いち早く成長可能性の高い株を見つけ出すことに注力して、長期的にその成長を見守ります。その時々の相場の地合いによる株価の変動は無視してよいのです。ただし、長期的に着実に利益成長力を高めていく株を初期段階で見出すことは、現実には容易なことではありません。

これに対して、本書で勧めている低位株の中期投資（やむなく長期投資になることもあります）の場合には、相場の地合いが個別銘柄の株価に大きな影響を与えます。

相場の地合いに影響を与える要因は、内外の政治経済問題に加えて、天災地変など数限りなくあります。しかし、ニーサを利用する少額個人投資家がそのような変動要因を詳細に考慮する必要はありません。結果としての地合いがよくなった（相場が上昇傾向）、悪くなった（相場が下降傾向）ということが最も重要です。既述のように、地合いが悪くなった時に買付けて、よくなったときに売付ければよいだけなのです。

著者は、株価の決定要因で最も重要なことは、次の２つであると思っています。当たり前のことなのですが、改めて確認しておきます。

まず、さまざまな要因が絡み合った結果としての**相場の地合い**です。地合いを形成した一つひとつの要因を読み解く必要はないと思います。そうはいっても、「円高修正傾向はどうなるか」「今度の参議院選挙で与党が過半数を取るのか」「EUの財政問題はどうなるのか」「アメリカや中国の景気動向はどうだろう」などという株価に影響を与える大局的な要因については、世界に目を向けて視野を広げるという意味でも、つねに把握しておいたほうがよいと思います。売買のよりよいタイミングをつかむことの助けになるからです。

もうひとつは、**個別銘柄の利益成長力**です。具体的には、「売上高」「経常利益」「純利益」の伸び率です。短期的には相場の地合いの影響を受けるけれど、長期的な株価の決定要因は、基本的にはその株の利益成長力です。利益成長力に影響を与える要因は、商品やサービスの競争力、経営陣の力量を含む人材力、原材料の仕入れコストなど、相場の地合いに与える要因と同様に数限りなくありますが、この点についても、個人投資家がそれらについてすべてを知る必要はありません。本書で取り上げたようないくつかの視点から売買を行えばよいのです。一言でいえば、安く買って高く売ればよいのです。

売上高、経常利益、純利益の推移など、いくつかの指標については調べる必要はあります。しかし、ニーサの利用者がその他の指標、例えば本書でも説明したPER、PBR、ROE、あるいは株価チャートのテクニカル分析などにあまりにこだわっていると、いわゆる「木を見て森を見ず」という落とし穴にはまる恐れがあります。ニーサを利用する投資家は、公表されている情報以外について知る由もありません。なお、株価に重要な影響を与えるような「重要事実」については、それが公表される前に知って株の売買を行うことはいわゆるインサイダー取引となり、金融商品取引法で禁止されています。

コラム⑪ インサイダー取引とは？

インサイダー取引（内部者取引）とは、上場会社の関係者（親会社・子会社の関係者も含む）及び情報受領者（会社関係者から重要事実の伝達を受けた者）が、その会社の株価に重要な影響を与える重要事実を知って、その重要事実が公開される前に株式などの売買を行うことを指します。また、２０１３年６月に金融商品取引法が改正されて、情報伝達行為も刑罰対象になりました。

ここでいう「関係者」には、会社関係者でなくなった後の１年間や大株主も含まれます。また「重要事実」とは、一般の投資家の投資判断に著しい影響を及ぼしうる会社の経営や財産に関する情報のことで、「決定事項」「発生事実」「決算情報」「その他（バスケット条項）」の４つに区分されます。

インサイダー取引は、投資家保護と金融商品市場への信頼の確保のために禁止が必要とされています。わが国では、金融商品取引法で規制されており、規制に違反した場合には、罰金や財産の没収が定められています。また、そのような行為を監視するために、証券取引等監視委員会が設置され、活動しています。法的な規制の他に、関係諸団体の自主規制が求められており、実際にその動きも広がっています。

インサイダー取引の事例については、「カブドットコム証券」などのサイトにも掲載されていますが、最近では（２０１３年７月）、インサイダー取引疑惑でアメリカの大手ヘッジファンド、ＳＡＣキャピタル・アドバイザーズがニューヨーク連邦地検に刑事訴追されるなど、この種の事件は内外で後を絶ちません。

02 見えてきた株式相場の上昇の道筋

2013年の株式市場を振り返れば、日経平均株価は年間で57％という大幅な上昇を記録しました。日銀の大規模な金融緩和による金利低下と米国における資金供給の量的緩和の縮小という、反対2方向の力の作用に伴う円安傾向が、株価上昇の大きな要因でした。いわゆる「黒田緩和」のアベノミクス期待に加えて、東京五輪決定の相乗効果により、ようやく日本の株式市場の上昇の道筋が見えてきました。予定通りに消費税が10％に引き上げられれば、長期金利の急激な上昇リスクも当分は抑え込むことができます。

2014年の株式購入のチャンスは、消費税が8％に増税された4月以降にやってくる可能性があります。景気が駆け込み消費の反動減で一時的に落ち込むからです。日経平均株価はこうした景気動向を先取りすることがあるので、4月に入る前から日経平均株価を注視することが必要です。一定の下落局面があれば、買付けのチャンス到来です。

あらかじめ、業績予想の急上昇銘柄を調べておいて（第2章4節参照）、「こんな安値で買付けできればよいなぁ」と、ご自身が考える指値を決めておきましょう。

日本の株価は、アベノミクスの「第3の矢」と呼ばれる成長戦略がしっかりと実行されれば、東京五輪景気につなぐことができて、多少の紆余曲折はあっても、息の長い上昇の軌跡を描くことのできる可能性があります。

反対に、いわゆる族議員が動き出して改革を阻むと、アベノミクスも内外の期待を裏切り、失望売りを誘います。「日本株への期待買い」と、その反対の「失望売り」は機関投資家の投資行動により増幅されることがあります。

次に、その機関投資家の行動について説明します。

機関投資家には銀行、証券会社、保険会社、投資信託会社、年金基金などがありますが、その運用の中身は異なります。

銀行にはトレーディング（自己勘定売買）部門や資金の有効活用のために証券投資などをする部門があります。証券会社にもトレーディング部門があります。生命保険会社は、年間の支払い保険金に大きな変動がないために超長期国債などを中心に投資します。損害保険会社は、再保険契約をしているけれど、急な災害の発生に備えて、流動性の高い金融商品に投資します。世界の投資信託会社は、株式を中心に公社債などにも投資します。

年金基金ですが、その運用はアセットマネジメント会社などが受託しますが、なにしろ世界の年金基金の資産は巨額であるために、運用資産に占める株式の組入れ比率（ポートフォリオにおける株式組入れ比率）は株価の形成に大きな影響を与えます。

このような機関投資家の中でも近年、注目されるのがヘッジファンドといわれる投資ファンドです。

ヘッジファンドには明確な定義はありませんが、一般の投資ファンドと異なるところは、特定の少数の投資家の資金を集めているために運用の自由度が高く、思い切った運用をすることが多いという点です。高リスク・高リターンの運用です。事実、１９９８年にはノーベル経済学賞受賞者を２人擁したヘッジファンドが破たんしました。今では、世界に多数のヘッジファンドが設立されており、ストラテジー（運用手法）もさまざまです。

ヘッジファンドを含む機関投資家が、世界の各市場を標的に投資をします。日本市場にヘッジファンドの資金がいつ入り、いつ引上げるのか、私たち個人の少額投資家には知る由もありません。日本経済の不透明感の中で、ヘッジファンドがいつどのように動くのかわかりません。私たちは、いわば二重の不透明感に包まれているのです。

それだけではありません。これまでに世界経済が何度も翻弄されてきた金融・財政危機が今も日本の株価に大きな影響を与える可能性があります。ＥＵの財政危機は小康を保ってはいますが、危機が払拭されたわけではありません。中国の「影の銀行問題」（コラム⑫参照）も迫っています。加えて、エジプトなどに見られるように、大規模デモ、内乱、戦争などのカントリーリスクは、いつ、どのような形で日本の株価に影響を与えてくるのかわかりません。

私たち個人の少額投資家は、**①ヘッジファンドといわれる勢力に代表される機関投資家が日本の株価を動かしている、②内外の政治・経済情勢が日本の株価に影響を与える**、という大枠だけを認識しておけばよいのではないでしょうか。

総括すれば、私たちは不透明感の中で株取引を行うのですから、本書で説明するような「慎重で堅実な株取引」を行えば、株価に影響を与えるさまざまな要因は捨象されるのではないでしょうか。

コラム⑫　中国の「影の銀行（シャドーバンキング）」問題とは？

中国ではリーマン・ショック後、大規模なインフラ投資などに要する旺盛な資金需要がありましたが、銀行には貸出し規制があり、健全性を守るために貸出し先は大手企業が中心となっていました。そのため、地方政府や中小企業は資金不足に陥りました。そこで、各種の方法で集められた資金が銀行融資の代替的な資金として地方に融資されました。

各種の方法で集められた資金とは、**①国有企業など資金に余裕のある企業が銀行を代理人として資金不足の企業に貸し出す委託融資、②富裕層の個人や企業が信託会社に投資する信託、③大手銀行や信託会社が資産運用商品として個人や企業向けに販売する高利回りの「理財商品」**などがあり、これらの資金が不動産開発や地方政府が作った地方融資平台（投資会社）、さらには中小企業や個人へと融資されてきました。

このようにして集められ、融資される金融は、総じて「シャドーバンキング」といわれます。

これは銀行融資を補完するものであり、中国の経済成長を支えるという位置づけもできますが、近年はこれが中国全体で膨張しています。やがて地方の巨額借金の返済が大規模に滞って金融危機が発生するのではないかという不安が生まれているのです。

中国の金融システムへの不安は、日本の株式相場への不安材料でもあります。

03 為替相場の変動にも注意を払う

為替相場は2国間の通貨の交換比率ですが、通貨の売買によって交換比率は時々刻々と変化します。売買には、多数の金融機関や数多くの貿易企業（貿易商社という狭い意味ではなくて、商社、メーカー、卸、小売り、各種サービス業など外貨決済を行う企業の総称）などの機関や個人が参加し、加えて実需はもとより先物の売買も含むために、例えば1カ月先の円の対ドル相場を正確に予測することは不可能です。為替相場は実に多様な要因で変化しますが、ここでは基本的ないくつかの要因について説明します。

まず「**購買力平価**」ですが、これは2国の通貨での財やサービスの購買力で、貨幣価値を決める方法です。例えば、ある商品をアメリカでは5ドルで、日本では５００円で買えるとすると、５ドル＝５００円となり、したがって1ドル＝１００円となります。購買力平価は、現実には1つの商品の購買力で計るわけではなくて、多数の商品価格や各種サービス料金の総合的な購買力で計ります。

「為替相場のバスケット方式」というのは、2国間であらかじめ打ち合わせておいた同一スペックの同一商品をそれぞれの国でバスケットに入れて、価格を集計します。例えば、ニューヨークでバスケットの中の商品価格の合計が500ドルで、東京では5万円とすると、500ドル＝5万円となり、結局1ドル＝100円となります。

為替相場は、基本的には両国の通貨の購買力で決まるという考え方は有力です。実際、海外旅行で実感できます。日本円の1000円を発展途上国の通貨に両替して使うと、1000円以上の価値があることを実感します。購買力平価は国力のファンダメンタルズ（基礎的な力、実力）を反映するのです。

しかし現実には、これに干渉する要因として**国家間の金利差**があります。各国の金利は中央銀行の金利政策や民間企業の資金需要によって、その時々に変動するので、当然に国家間の金利差が縮小したり、拡大したりします。例えば、アメリカの金利が日本の金利より高いと、円資産を売ってドルを買ってアメリカの金融商品に投資するという行動を引き起こします。つまり、円安・ドル高の誘因が生じるのです。

各国の金融商品の信頼性と流動性も為替相場を動かします。例えば、EUのギリシャ、イタリア、スペインなどで財政危機が問題になり、ユーロ圏の債券などの資産の信頼性に不安が生じると、円が相対的に安全資産とされ、また流動性が高い日本の国債などが購入されます。つまり、ユーロを売って円が買われて、ユーロ安・円高が生じるのです。

では、国の借金が１０００兆円を超えた日本の国債などが安全資産と考えられている理由は何でしょうか。それは、①**日本国債の大部分は日本国内の金融機関が買い入れている、**②**日本では内乱や革命などのカントリーリスクがほとんどない**、からです。こういう意味で、短期的には安全資産とみなされているのです。

為替相場を動かす大きな要因は以上ですが、この他にもさまざまな要因があります。例えば、東日本大震災の時には、保険会社が保険金支払いのために海外資産を売って円に買い戻すのではないか、という思惑で急速な円高が進行しました。このように、思惑でも為替相場は動きます。

コラム⑬ 対ドル円相場の将来を占う

１カ月後、３カ月後、半年後の為替相場を予想することは不可能です。新聞紙上にアナリストの直近の予想が掲載されていますが、予想の幅が広いので当たり前のことしか書かれていません。為替相場を決める要因があまりに多くて、そのうえに各要因の影響力の大きさが予想できないからです。

ただ、短期的には予想できませんが、長期的な傾向については「占う」ことができないわけではありません。以下は、著者による対ドル円相場の将来の占いです。占いなので、「当たるも八卦、当たらぬも八卦」です。読者の皆様はいかがお考えでしょうか。占いに挑戦してみてはいかがでしょうか。

著者が学生時代の為替相場は1ドル＝360円の固定相場でした。高度成長期を経て円の実力が高くなっていたのに固定されていたために、その後、変動相場制に移行してから円は上昇線をたどり、1ドル＝200円台、2002年には1ドル＝125円、2003年は1ドル＝116円を経過して、2011年と2012年は1ドル＝80円にまで上昇しました。2012年秋からは反転して、2013年には1ドル＝100円前後で推移しています（為替相場は各年の中心相場、「対ドル円相場」日本銀行のHPによる）。

この意味するところは、日本の購買力平価が一貫して上昇してきた、ということです。やや乱暴かもしれませんが、日本の実力が評価されてきたということです。

ここで、将来（5〜10年後）の対ドル円相場を占うために、経済的な基礎力、資産の安全性と流動性、金利動向の面から比較しましょう。

①日米の経済的な基礎力

アメリカでは、今でも多くの移民を受け入れており、人口は年１％程度の増加傾向にあります。一方、日本の総人口はややマイナス傾向にあり、２００９年から２０１３年まで４年連続の人口減少で、その間に約70万人が減少しました。15～64歳の生産年齢人口は２００１年の８５６２万人から減少を続けて２０１３年には７８９５万人に減少しました（「住民基本台帳に基づく人口、人口動態及び世帯数のポイント」平成25年３月31日現在、総務省ＨＰ、『朝日新聞』２０１３年８月29日）。長期的には、日本は少子高齢化現象が顕著です。

革新性については、アメリカは世界の頭脳を受け入れる伝統があります。ＩＴ（パソコンやスマートフォンなど）革命や、近年ではシェール革命をもたらし、その効果でアメリカの産業競争力が高まるといわれています。しかし日本には、先例主義や横並び主義がまだ色濃く残っています。

②資産の安全性と流動性

内乱、革命などのカントリーリスクの可能性は、新興諸国と異なり日米ともに少なくて安定的です。

世界の金融市場に占める日米両国の地位に鑑みれば、両国ともに流動性には問題はありません。

国の公的債務を国際比較するためには、国と地方の債務の合計で計りますが、日本の国の債務（国債、借入金、政府保証債務）だけで、２０１３年６月末に１００８兆円に達しました（「国債及び借入金並びに政府保証債務現在高」財務省のＨＰ、２０１３年８月閲覧）。

将来的には、この問題が日本国債の安全性に疑念を生じさせる可能性があります。

③金利差

日本では、国の債務を減らすために景気刺激策をとって税収増加を図らなければならず、金利を上げる政策はとりにくいので、高金利時代は短期的・中期的には予想されません。


以上、経済的な基礎力、資産の安全性と流動性、金利という点から考えて、対ドル円相場は中長期的には円安傾向と考えます。

しかし、現実には天災地変、近隣諸国との深刻な政治摩擦など、何が起こるかわかりません。したがって、このコラムのタイトルには「占う」を付けておきます。

04 日本の産業構造の変化と政策関連銘柄

ニーサを利用して行う投資にも種類があります。これまでに説明したように、株式への投資、高配当株への投資、投資信託への投資などです。これらの中からの選択は、年齢や職業によって異なります。

また、株式への投資にしても、年齢によって着目する業種や銘柄が異なりますが、産業構造が急速に変化しているので、安倍内閣の成長戦略もにらみながら、最近の注目業種、注目銘柄に目を向けてみましょう。

まず、近年の産業構造の大きな変化項目をリストアップしましょう。

- **日本人の高齢化**……高齢者用品、老齢者の介護・医療
- **インターネットの進化**……スマートフォン関連市場、ネット広告、ネット通販、ネットを利用した各種情報サービス関連
- **ベンチャー企業の登場**……ナノテク、バイオ、医学などの技術・医学系、アニメ・ゲ

ームなどのアミューズメント系、各種サービス業系

・**再生可能エネルギー**……太陽光・風力・地熱発電

・**基幹産業のイノベーション**……炭素繊維の進化、燃料電池・電気自動車

安倍内閣の成長プランでは、当然にこうした産業構造の変化を取り入れています。成長戦略における3つのアクションプランが発表されました。すなわち、「日本産業再興プラン」「戦略市場場創造プラン」「国際展開戦略」です（首相官邸HP、2013年8月閲覧）。

これらのプランの中では、政策として「ベンチャー投資」「雇用規制の改革」「女性の活躍推進」「科学技術イノベーションの推進」「ITの活用」「医療関連産業の活性化」「クリーンで経済的なエネルギーの供給」「インフラ輸出」「資源確保」「クールジャパンの推進」といった項目の強化・支援が掲げられています（「成長戦略（案）」平成25年6月）。

なお、これらとは別に、TPP（環太平洋経済連携協定）への参加交渉に伴う農業関連も政策関連銘柄となります。

このような日本の新しい産業構造の変化と今の安倍内閣の政策関連事業に、東京五輪関連事業を合わせて、長期的成長の有望な関連銘柄の一部を例示すると、次のとおりです

（ここでは、値がさ株・低位株の区別なしに挙げます）。

ただし、株式市場は動きが早いので、こうした銘柄の株価の多くはすでにかなり高くなっていて、買付の難しいものが多いのですが、このような新しい成長分野にも目を向けて、新規に銘柄を発掘する意欲をもつのはいっそう望ましいことです。

・**ベンチャー関係**……ナノキャリア（東証マザーズ市場。新薬候補発見の研究）、ジャパン・ティッシュ・エンジニアリング（ジャスダック市場。バイオベンチャー）、ブロッコリー（ジャスダック市場。キャラクター玩具・ゲームソフトの製造販売）、eBASE（ジャスダック市場。食品のトレーサビリティー管理）

・**労働規制改革**……アウトソーシング、フルキャストホールディングス、パソナグループ

・**女性の活躍支援関係**……ＪＰホールディングス（保育施設の運営）、ピジョン（育児用品）

・**ネット関係**……カカクコム（価格比較サイト）、スタートトゥデイ（衣料品通販サイト「ゾゾタウン」を運営）

・**介護医療関係**……ツクイ（訪問介護・入浴など在宅介護）、エス・エム・エス（介護・

医療向け人材紹介）

・**TPP関連**……日本農薬（農薬）、井関農機（農業機械）、クミアイ化学工業（化学合成農薬）

・**東京五輪関連**……大成建設（建設）、オリエンタルランド（観光）

なお、最近は新規株式公開（IPO：Initial Public Offering）銘柄が、公開後も初値を上回ることが多いため人気を集めています。それは、新規公開株には戻り待ちの売りがないので値を上げやすく、短期の利益を狙う資金が集まるためです。したがって、初値が公開価格を上回ることが多いものの、数カ月も経つと初値を下回る株が出てきます。

中長期的には、大手企業などのライバルが進出したり、他社が新たな技術革新を実現したりして、株価が下降したり、なかには上場廃止になる例もあります。したがって、個人的に詳しい業界や技術などについて調べて成長銘柄を見つけ出すことが望ましいのであり、どんな分野にでも飛びつくことは危険です。

第8章

虎の子を大切に殖やす！
退職金の運用テクニック

01 分散投資で安全確実な運用を心がけよう

著者も定年退職者なので、退職金の運用経験があります。

退職金の運用の要は分散投資です。すなわち、リスクの分散と流動性（すぐ現金化できる可能性）の分散です。そのうえで、一定の利回りを考えて金融商品を選択します。

そこで、退職金の運用先として取り沙汰される金融商品について補足しておきましょう。

❶銀行・郵便局の預貯金

普通預金（貯金）も定期預金（貯金）も、とても低金利で利息はゼロに等しいほどです。

それでも、日常の生活費や何かの急場に備えて、一定金額を入れておかねばなりません。

低金利とはいっても、退職金に限っては、退職後1年以内に銀行定期預金をすれば、年利1・7％（税引き後1・35％、3カ月定期。横浜銀行）や年利1％（6カ月定期、1年以内に2回まで。りそな銀行）などという商品が発売されている例があります（2014年現在）。

なお、預貯金にニーサ口座は利用できません。

❷外貨預金や外国債券

金利が10％程度の高いものがありますが、為替の変動リスクがあります。この為替変動リスクは結構大きくて、短期間に10％以上変動することは珍しくありません。

オーストラリアやブラジルの通貨は資源価格の変動に大きく左右されます。ユーロは落ち着いてきたとはいうものの、まだ財政危機を抱えています。新興諸国の通貨には、大規模デモ、内乱、革命などのカントリーリスクが内在しています。対ドル円相場については、コラム⑬をご参照ください。

退職金で外貨商品を購入することはとても難しいことです。なぜなら、退職金を受取る時期を選択できないからです。例えば、今から10年ほど前の２００２年に退職した人がドル預金をしたとすると、当時の為替相場は１ドル＝１２５円です。ところが、その10年後の２０１２年には１ドル＝80円。もし、２０１２年に円に換えると、いわば１２５万円の退職金が80万円に暴落することになります（対ドル円相場は日本銀行のＨＰによる）。そうなると、「もう、これ以上損はできない」と思って、１ドル＝80円で損切りした人たちがいるはずです。

ところが、2012年3月の退職者がドル預金をすると、1ドル＝80円で購入したのが2013年には1ドル＝100円になって儲かっています。外貨で投資するという同じ行動をとっても、結果はまるで異なります。したがって、為替相場の行方についての見通しをもっていなければなりませんが、これが難しいのです。外貨商品の購入は誰にでもできることではないはずです。

では、ある程度の中長期の為替相場の見通しをもって外貨を購入したのに、損が出た場合にはどうすればよいでしょうか。

これには、第6章の「『下がったから売る』は大間違い」と同じ対処方法があります。例えば、外貨建て債券を買ったけれど、その外貨が下落して満期を迎えたという場合には、その外貨を円に戻さずに、その同一外貨で再び金融商品を購入して、その外貨の円とのレートの上昇を待つという方法です。まさに長期の我慢です。

このような理由から、退職金で外貨商品を購入することはあまり推奨できませんが、退職金に余裕がある場合には、一部を外貨商品に回すこともありうると思います。

例えば著者は、個人的には中長期的には円安傾向と考えているので（コラム⑬参照）、**個**

人年金保険（米ドル建て。メットライフアリコ）に加入しました。金利の効果で購入ドル金額が規則的に増えてくるので、満期時に加入（購入）時点の為替レートより、仮に多少の円高でもマイナスにならない金融商品です。満期時に購入時点のレートより円安であれば、利益が大きくなります。

万一、大きく円高になっていた場合には、ドルでの運用を継続して円安を待てばよいわけです。積立利率保証期間は最長10年で、期間の選択も可能です。積立利率は半月に１度少しずつ変動します。

なお、外貨預金はニーサ口座では買うことができません。

❸投資信託

日本の場合には手数料が高いうえ、売買を機械的に行うことが多いので、買付などのタイミングが運任せになりがちです。相場の上昇時にはよい運用成績を出しますが、下降時期になると大きく下落することもあります。投資信託には各種の商品がありますが、選択が難しいのが難点です（各証券会社のＨＰで「投資信託」をクリックすると、「運用実績のある人気ファンド」などを閲覧できます）。

投資信託の問題点は――というより、顧客自身の問題点でもありますが――投資する本人が投資先にどのようなリスクがどの程度ありうるのか、よく理解していないことが多いことです。リスクそのものは将来に発生するものなので誰にもわかりませんが、その可能性をよく理解していないことが多いということが問題なのです。

また、退職金の運用に際しては、新興国の金融商品に重点投資するファンドは避けたほうがよいと、個人的には思います。理由は高リスク・高リターン商品だからです。

投資信託に投資するのであれば、分散投資という意味で、毎月定額積立型とバランス型ファンドがよいと思います。

なお、第4章での説明と重複しますが、退職者には、年金のように毎月分配金を受け取ることができる「毎月分配型投資信託」に人気があるようです。しかし、なかには元本を取り崩して分配金に回すものもあるので、注意しなければなりません。

著者がお勧めできる投資信託は、①**高利回りの日本株で運用をするファンド**、②**よい運用実績を上げているオープン型ファンド**などです。

❹国内の社債

安定的な投資商品です。退職金の一定割合を社債で運用するのは保守的な運用ではありますが、１つの有力な方法です。倒産した場合を除いて、元本が保証されているからです。利率も、預貯金と比べてよいものが多くあります。最近の多くの利率は、０・３～１・７％程度の範囲です。利率は、「発行企業の格付け」「満期までの期間」「金利動向」などによって決まります。

社債は、社債を発行できること自体が一定の信用があるということを意味します。戦時中などの特殊な場合を除いて、社債を発行した国内の会社が倒産したという話は聞いたことがありません。

格付けの高い社債は利率が低くて（例えば０・５％程度）、格付けの低い社債は利率が高い（例えば１％以上）のですが、社債の利率の水準もその時々の金利動向などによって変動します。

結局、社債の選び方は、**利率を中心に満期までの期間を勘案して決めて、格付けも多少は意識する**、ということです。

なお、社債はニーサ口座では買うことができません。

❺個人向け国債

日本の国債は、今や国の借金（国債、借入金、政府短期証券）が1000兆円を超えたので、必ずしも安全資産とは言い切れません。それでも、世界的に見れば大規模デモ、内乱、革命、戦争といったカントリーリスクが少なくて、流動性が高いので、巨額な資金の逃避先としては日本国債が考えられます。

しかし、個人の退職金には向かないと思います。利率が低いためです。例えば、2013年9月の個人向け国債の年利率は、固定金利3年満期が0・11％（税引き後0・088％）、固定金利5年満期が0・24％（税引き後0・19％）、変動金利10年満期が初回0・51％（税引き後0・41％）です。

なお、国債はニーサ口座では買うことができません。

❻株式

リスク商品です。特に外国株式は、情報がほとんど入ってこないので、リスクの高い商品です。

退職金で株式投資を行う場合には、国内株式に少額を余裕資金で投資するべきです。ただし、ニーサ口座で、少しずつ経験を積んで要領を覚えると、安定的に大きな利幅を取ることのできる商品に変わる可能性があります。

株式投資でも、第３章で説明した**高利回り株への長期投資**は、比較的に簡単な投資方法です。しかも既述のように、配当利回りが３％台の銘柄が結構多くあります。「株の売買には労力を使いたくない、しかし高い利息を受け取りたい」という場合には、退職金の一部を高利回り株への長期投資で運用するのも１つのよい方法です。

一定期間後に売却する際に株価が下落している可能性はありますが、それまでに受取った配当や株主優待を勘案すると、大きな損は比較的に少ないのではないでしょうか。配当金と株主優待の金額を合わせた実質利回りが５％を超える株は結構多くあります。少なくとも、怪しげな投資話、儲け話に乗るよりはマシです。

退職金の運用で大事なことは、利回りが高いということは、それだけリスクも高いということです。ましてや、株式投資で自らの努力によって大きな売却益を得る場合は別として、年利回りが10％を超える投資話、儲け話はまず疑うべきです（第６章８節参照）。

おわりに

長い人生には、さまざまな困難が待ち受けています。自分はもとより家族にも、病気や事故、災害、失業など思いがけない困難が生じます。幸せは自らの努力で時間をかけてつかみ取りますが、困難は突然にやってきます。そういう困難の多くを、お金が解決してくれます。

ニーサを利用する人々は年齢、収入、投資経験、職業の有無など、いろいろな点で異なります。また、ニーサの運用には、売却益を目的とする株式投資、配当を目的とする株式投資、さまざまな投資信託、さらにそれらの組み合わせなどがあります。

しかし、どんな投資家にとっても、分散投資（買付商品の分散と買付時期の分散）と中長期投資は共通する「王道」であると思います。大きな「賭け」は、1回限りの人生を苦渋に満ちたものにする可能性があります。

本書の内容を要約すると、次のとおりです。

①今のような相場の上昇初期には、業績の変化率の高い銘柄（低位株）探しをして、1年間待つ

③相場が暴落したら天から札束が降ってきたと思い、個別銘柄を底値で拾う
④買付けた株価が下がったら、良い株をさらに安く買うことができると思って、喜んでナンピンを入れる（低位株に限る）
⑤配当利回りの良い株に長期投資する
⑥投資信託を、金融機関任せにしないで賢く選ぶ

本書の執筆動機は、著者がかねてから行っている慎重な株取引がニーサという制度に合っている、と考えたからです。著者の経験を踏み台にして、読者の皆様がさらに改善して、勝率を高めることを期待しています。

なお、本書に思わぬ間違いがあるかもしれません。その際には、出版社を通してご教示いただければありがたく存じます。

著者

※本書は著者の体験に基づいて株式売買などについて説明したもので、個人の投資結果を保証するものではありません。

■著者紹介
北野　士郎（きたの　しろう）
1943年　北海道生まれ。早稲田大学大学院商学研究科博士課程単位満了退学。現在首都圏にある某大学の名誉教授。
銀行勤務を経て大学教授として企業経営やビジネスを研究し、そのかたわら40年程の株式投資経験を積んだ（慎重な株式投資を心がけてきたため、バブル経済の頃は株式投資を一時中断）。
2005年４月～2013年12月までの約８年半の株式売買の勝敗率（売値と買値の差による）は78勝22敗。負けの多くは、株価情報誌の予想数字を鵜呑みにして買付けたことに起因している。しかしその苦い経験を現在の株式投資に活かす。

■ニーサで始《はじ》めるはじめての株式投資《かぶしきとうし》
大学教授《だいがくきょうじゅ》が伝授《でんじゅ》する低位株《ていいかぶ》での堅実《けんじつ》な投資実践法《とうしじっせんほう》

■発行日――2014年５月16日　初版発行　〈検印省略〉

■著　者――北野《きたの》　士郎《しろう》

■発行者――大矢栄一郎

■発行所――株式会社　白桃書房《はくとうしょぼう》
〒101-0021　東京都千代田区外神田5-1-15
☎03-3836-4781　Ⓕ03-3836-9370　振替00100-4-20192
http://www.hakutou.co.jp/

■印刷・製本――藤原印刷
© Siro Kitano 2014　Printed in Japan
ISBN 978-4-561-91130-2 C3033
本書のコピー，スキャン，デジタル化等の無断複製は著作権法上での例外を除き禁じられています。本書を代行業者等の第三者に依頼してスキャンやデジタル化することは，たとえ個人や家庭内の利用であっても著作権法上認められません。
JCOPY 〈㈳出版者著作権管理機構　委託出版物〉
本書の無断複写は著作権法上での例外を除き禁じられています。複写される場合は，そのつど事前に，㈳出版者著作権管理機構（電話03-3513-6969，FAX03-3513-6979，e-mail : info@jcopy.co.jp）の許諾を得てください。
落丁本・乱丁本はおとりかえいたします。